지적장애인의 삶과 유산

박승희 · 김유진 옮김

Lives and Legacies of People with Intellectual Disability

Kenneth D. Keith · Heather E. Keith 지음

학지사

지적장애인의 삶과 유산

Lives and Legacies of People with Intellectual Disability

박승희, 김유진 옮김

Kenneth D. Keith, & Heather E. Keith 지음

학지사

Lives and Legacies

of People With
Intellectual Disability

Kenneth D. Keith, & Heather E. Keith

Translated by

Seung Hee Park, & Yoo Jin Kim

Hakjisa, Seoul S. Korea, 2025

"나는 여러분과 같은 사람입니다. 나는 한 이름을 가졌고, 나는 여러분 모두가 나를 이름으로 불러주기를 원합니다."

Ollie Webb (1928~2003)
자기옹호자이며 지역사회 리더,
Omaha, Nebraska

*Ollie Webb올리 웹의 전기(傳記):

Ollie Webb올리 웹은 경제 대공황 시기에 태어났다. 19세 나이에 네브래스카 주의 한 시설인 베아트리스 주립 발달 센터(Beatrice State Developmental Center)에 그녀의 가족에 의해 맡겨졌다. 그녀는 거기서 영아와 유아를 돌보는 유아원에서 일을 했고, 오마하(Omaha)에 있는 사립 양로원에서 살고 일하려고 1960년 그곳에서 나올 때까지 거기서 일을 하였다. 1969년에 Tom Miller톰 밀러를 만났는데, 그의 직무는 그 센터에서 나온 사람들을 찾아서 그들의 기본적인 인권이 존중되는지를 확인하는 것이었다. 이러한 연결을 통하여, Webb웹 씨는 지역사회에서 살 한 장소를 확보했고 쿠킹교실을 다녔고, 그것은 그녀가 17년 동안이나 지속한 경쟁력 있는 급여를 주는 한 직장으로 인도했고, 그녀가 그녀 자신의 집을 소유할 기회를 제공하였다. 그녀는 오마하의 한 자기옹호 단체의 창립멤버였고, 자기옹호를 촉진하는 것에 대해 국가 차원의 명성을 가지게 되었다. 그녀는 자신이 원하는 삶을 살기 위해 많은 정서적 및 신체적 역경을 극복하였다. 2005년에는, 오마하의 미국정신지체인협회(ARC)와 직장연결회사(Career Solutions, Inc.)는 합병을 하였고, 새로운 단체의 이름을 그녀와 그녀가 잘 살아 낸 삶을 기리기 위해, 올리 웹 센터(Ollie Webb Center, Inc.)라고 명명하기로 했다.

차례

역자 서문

지적장애인 삶의 사회문화적 의미가 흔들릴 때

박승희
이화여자대학교 특수교육과 명예교수

큰 대학병원에 갈 때마다 드는 생각이 있다. 이 대학병원에 있는 수십 개의 다른 진료과, 검사실, 외래진료실, 영상 촬영실, 주사실, 입원실, 연구실험실 등에 수천 명의 의사와 의료관련인들이 일하고 있다. 아! '한 명'의 인간을 위해 이 많은 광범위한 대단한 것이 필요하고 작동해야 하는구나! 감탄할 때가 한두 번이 아니다.

최근 2024년 11월 한 신문기사에서 37조 개에 달하는 모든 인체 세포의 종류 상태, 위치 기능 등을 분류한 인간세포 지도(Human Cell Atlas: HCA)의 토대가 완성되었다고 보았다. 우리 몸에는 3,000종이 넘는 세포 유형이 있다고 한다. 인간세포 지도는 유전체학과 인공지능(AI)을 결합하여 각 세포의 기능과 역할을 나타내는 지도를 그리고 있고, 과학자들은 이를 통해 질병의 발생과 진행 기전을 이해할 수 있을 것이고 신약 개발과 환자별 맞춤형 치료법 개발의 단초가 될 수 있다고 전망하였다.

또한 우리는 아직 뇌가 어떻게 작동하는지를 거의 알지 못한다.

뇌의 각 뉴런은 다른 많은 뉴런과 복잡한 패턴으로 연결되어 있다. 이렇게 얽힌 뉴런이 상호작용을 통해 연산 과제를 수행하게 된다. 이 분야 석학인 승현준 교수는 초파리 '뇌 회로도' 완성을 이끌었고, "AI가 있는 한, 인간 뇌 지도 완성은 시간문제"이며, "2,100만 장 쌓아 올린 초파리 뇌 3D 지도는 AI가 없었다면 5만 년이 걸렸을 것"이라고 최근 신문 기사에 소개되었다.

2024년 말 우리가 사는 세상에 과학과 AI의 협업은 놀라운 수준의 성과를 산출하고 있다. '한 사람'에 대한 과학적 연구성과를 바라보면서 이 책은 또 다른 측면에서 독자들로 하여금 생각하게 할 수 있다. 위의 연구 성과들과 AI의 선한 활용을 보면서 한 인간을 좀 더 완전히 이해한다는 것은 얼마나 다양한 분야의 기여가 긴밀히 연결되고 소위 '초연결사회'로의 진화를 상호 재촉하는지 조금은 감을 느끼게 한다. 이런 변화는 인간에 대한 이해와 더불어 지적장애인에 대한 보다 종합적인 이해를 위해 앞으로 어떻게 다르게 얼마나 빠르게 영향을 미칠 수 있을까? 숙고하게 된다.

그런데 과학적 연구의 발전으로 더 많이 이해될 수 있는 부분이 분명 있고, 동시에 그것을 오용 혹은 악용할 수 있는 부분이 혼재할 수 있다. 대략 100년 전 유사과학으로 우생학(eugenics)자들 주장에 의해 지적장애인의 강제불임수술이 행해질 때, 이 주장을 견고하게 해 준 한 요소에 통계학자의 기여가 있었다. AI 시대에 과학과 기술이 대단히 빠르게 진보하고 다양한 학문적 의제가 융합되고 있다. 이러한 맥락에서 장애를 하나의 사회적 구조(social construct)로 이해하는 관점에서 볼 때, 한 사회가 지적장애인을 포함한 다양하게 고유한 사람들의 실존과 개인성을 어떻게 수용하고 함께 조화롭게 살아갈 것인가에 대한 인식론적 틀을 제공하는 간학문적 장애학(disability studies)적 사고의 발전은 상당히 더디다. 한 사람이나 한 지적장애인에 대한 생의학적 연구의 급속한 진전은 다학문적 사고와 사회차원의 숙의로 재검토되지 않으면 부작용이 생길 수 있다. 지난 2~3세기 동안 장애인에게 행해졌던 많은 불미스러운 역사적 사건은 학문적 논리로 포장되어 유사과학의 형태로 합리화되곤 하였다.

이 책은 지적장애인들 삶의 문화적 기여와 그 의미를 바라볼 수 있는 하나의 새로운 방법을 구조화하기 위해 삶과 죽음 그리고 유산(legacy)이라는 새로운 주제를 가지고 천착한 저술이다. 지적장애를 가진 한 사람이 태어나서, 때론 죽음의 위협이 있었음에도 불구하고 살아남아서, 교육을 받고 다양한 활동과 직업에 참여하고, 가족, 친구와 이웃들과 사회적 관계를 맺으며 살고, 죽어 가고 그리고 죽은 후에는 어떻게 기억되는지, 즉 무엇을 남기게 되는지 그 유산에 대한 논의로 우리의 생각을 이끈다. 이 책은 지적장애나 지적장애인에 대한 단행본 중 드물게 그들의 삶과 유산에 초점을 두고 그들의 '삶의 마지막 돌봄', 죽음과 그리고 '유산'에 대한 우리의 이해를 돕기 위한 서사를 제공한다. 나아가, 저자들은 전문가 시각에서 지적장애인이 사회에서 인구의 한 범주로서 역사적으로 겪어

낸 이 집단의 불행했던 주요 사건들과 몇몇 지적장애인 개인들이 잘 살아 낸 삶의 이야기, 즉 지역사회 참여와 기여의 유산 이야기를 펼쳐 나간다. 이는 우리가 지적장애인의 삶과 유산에 대한 새로운 사고를 어떻게 해 나갈 수 있는지 실제 사례로부터 함축적으로 알려 주려는 것이다.

장애 분야에서 지적장애인의 교육, 의료적 처치와 다양한 서비스 정책과 프로그램 실제에 관련된 전문서적과 연구논문은 지난 한 세기에 걸쳐 상당히 축적되어 왔다. 그리고 20세기 중반부 이후부터 현재까지 지적장애인의 삶에서 발생하는 다양한 인권침해 사례, 교육에서 불공정한 실제, 고용이나 주거 서비스에서의 차별 문제, 대중의 장애인식에서 과도한 의료적 관점의 문제, 한 사회의 장애에 대한 고정관념이나 편견 및 차별 등 '비장애중심주의'(ableism)에 기반한 다양한 정책과 실제에 대한 비판적 글들이 넘친다. 그런데 이 책의 주제처럼, 지적장애인들이 한 생애를 어떻게 살아 내고 삶의 마지막 단계의 돌봄은 어떻게 받고 죽어 가는지 그리고 과연 그들이 죽음 후에 남기는 유산은 무엇이고, 그것의 의미는 무엇인지에 천착한 책은 아주 드물다.

지적장애인 관련 서사 중에서도 죽음이나 유산에 관련된 논의가 저조하고 관심을 덜 받아 왔던 것은 '죽음' 자체를 대부분 우리가 두려워하며 편한 대화 주제로 초대하지 않은 탓도 있지만 지적장애인에 대한 관심 자체의 부족, 더구나 그들의 삶보다도 '죽음'에 대해서는 더더욱 관심이 없었던 것에도 기인한다. 이 책은 지적장애인들의 품위 있는 삶과 죽음 그리고 죽음 이후에 남기는 그들의 '유산'의 의미를 환기시키며, 한 사람의 '삶'과 '죽음'은 같은 선상에서 존중받고 존엄성이 지켜져야 하며, 특히 지적장애인들의 삶이 지니는 사회문화적 의미를 고찰해 보도록 이끌어 준다.

그런데, 이제까지 지적장애인의 '죽음'과 '유산'에 대해 일반대중, 전문가들, 부모들과 가족들과 친구들 그리고 지적장애인 본인의 이해를 돕는 책은 거의 없었다고 해도 과언이 아니다. 관심을 덜 받아 온 지적장애인의 죽음과 유산에 대해 관심을 환기시키는 것은, 삶만큼 죽어 가는 과정과 죽음과 그 이후의 유산에 대한 존중과 존엄성은, 품위 있는 삶에 대한 존엄성과 같은 중요한 위상을 지닌다고 지적된다. 특히 장애 유무와 상관없이 평균수명이 길어지며 초고령화 사회에 진입하는 맥락에서 '삶의 마지막 단계'의 돌봄이나 처치 결정에 장애인 본인 참여의 중요성과 고령 장애인 문제에 관심을 환기시키는 책의 메시지는 울림이 크다. 나아가, 지적장애인의 '유산'을 어떠한 시각에서 바라보고 찾아낼 수 있는지 그 유산의 의미는 삶과 관련해 무엇인지에 대해, 지적장애인으로 삶을 풍성하게 살아 낸 인물 사례들을 소개하면서 그 방법을 함축적으로 알려 준다.

이 책은 용기 있게 이런 주제들을 언급하고자 9개의 장에 걸쳐 지적장애인의 품위 있는 삶과 가치 있는 유산에 대해 서사를 제공하는데, 각 장의 분량은 길지 않으며 더 풍부한 담론이 있었으면 하는 아쉬움의 여운을 남기기도 한다. 그럼에도 불구하고, 국내 독자

들에게 지적장애인의 삶과 유산에 초점을 두고 서사를 전개해 나
간 희귀한 이 책의 기여는 충분히 인정된다. 특히 제7장과 제8장에
소개되는 품위 있는 삶을 살고 의미 있는 유산을 남긴 지적장애인
들의 실제 인생 이야기는 독자들에게 깊은 인상을 남기며 오래 기
억될 것으로 생각된다. 각 장 내용 요약을 다음과 같이 소개할 수
있다.

　'제1장 시작하며: 삶과 유산에 대한 생각'에서는 책 전체 내용의
윤곽을 안내한다. 여지껏 큰 관심을 못 받아 온 지적장애인의 삶과
유산(legacies)에 대한 생각을 새롭게 촉구한다. 인간은 누구나 고
유한 존재로서 존중받아야 하는 점을 다시 한번 언급하며 한 인간
이 무엇에 결함이 있는 것에 초점을 두지 않고, 적합한 지원을 받으
며 '무엇을 할 수 있는가'에 집중하는 새로운 도덕적 공동체 수립의
필요성을 논의하며 나머지 장들의 논의를 연결한다.
　'제2장 장애를 가지고 살고 죽는다는 것'에서는 19세기부터 최
근까지 지적장애인들이 역사적으로 어떻게 비인간화되어 왔는가
(dehumanized)를 주요 역사적 사건들로 간결히 언급한다. 한 문명
은 그 사회에서 가장 취약한 시민들을 어떻게 대우하는가에 의해
판단될 수 있다고 피력한다. 지적장애인을 주류 사회로부터 분리,
지능검사와 표찰(labeling)의 오용과 지적장애인 삶의 질에 대한 잘
못된 추정은 지적장애인 본인과 가족에게 불필요한 비탄이 되어 와
왔다고 지적한다.

'제3장 이름 없는 죽음'에서는 사람들이 죽음에서 어떻게 처우되는가는 그들이 생전에 어떻게 지각되었는지를 반영한다고 지적한다. 그 예로 홀로코스트의 저가치화된 집단의 몰살에서, 대규모 시설에 수용된 지적장애인들이 경험한 삶의 질에서, 가족과 집에서 멀리 떨어진 표지 없는 무덤에 매장된 것에서 알 수 있다고 토로한다.

'제4장 새로운 도덕적 공동체'에서는 장애 개념의 사회적 구조가 소개되며, 도덕적 추론 능력이 부족하다고 여겨지는 지적장애인의 도덕적 참여 가능 여부에 대한 논의가 제공된다. 새로운 도덕적 공동체가 제안되면서, 지적장애인이 그의 고유한 능력으로 그 새로운 도덕적 공동체에 참여하고 기여할 수 있음이 논의된다.

'제5장 삶의 질 개혁: 이웃에서의 새로운 삶'에서는 삶의 질 개념 및 지적장애인과 그 가족의 삶의 질에 대한 다양한 연구들이 소개되며, 삶의 질은 결국 개인이 남기는 유산의 일부가 됨이 논의된다. 삶의 질에서 지적장애인의 '주관적 관점'의 중요성과 삶의 마지막 단계에서의 돌봄의 필요성이 언급된다. 또한 새로운 도덕적 공동체에서 삶의 질의 역할이 논의되며, 직업적 참여, 은퇴 및 은퇴 후 생활, 삶의 마지막에서 삶의 질을 향상시킬 수 있는 방법들에 대해 논의가 제공된다.

'제6장 지원 운동: 새로운 공동체 구축'에서는 지적장애인이 지역사회 활동에 의미 있게 참여하기 위해 '개인중심계획'에 기반한 지원 제공의 중요성이 논의된다. 지적장애를 개인과 환경 간의 상호작용 관계 속에서 이해해야 함을 상기시키면서, 환경의 문화적 맥락에 따라 지적장애인에게 제공되는 지원이 다를 수 있음이 토의된다.

'제7장 모범 사례: 잘 살아 낸 삶'에서는 지적장애인들이 살아 낸 삶과 그들이 남긴 유산에 주목하며, 실제 사례들을 소개한다: 동물애호가와 음악가이자 룸메이트의 좋은 친구였던 랜디 벨; 음성언어 대신 소리와 팔꿈치로 의사소통하며 주변 사람들과 관계를 맺었던 워커 브라운; 친절한 직장동료이자 정치에 참여하는 시민이었던 리사 페넬; 사랑스러운 보육원 교사였던 노엘리아 가렐리아.

'제8장 존엄한 죽음: 새로운 도덕적 공동체의 유산'에서는 삶의 마지막 단계에서 지적장애인이 존중과 존엄성을 보장받아야 함을 강조하면서, 이를 위해 개인이 '삶의 마지막' 의사결정에 참여할 수 있어야 함을 지적한다. 잘 살다가 존엄한 죽음을 맞이하여 의미 있는 유산을 남긴 지적장애인들의 사례가 소개된다: 사려 깊고 친절한 친구였던 톰 헐리안; 다른 사람들을 기꺼이 도와주었던 친구로 기억되는 에릭 에바허; 열정적인 자기옹호자였던 레이 루미스.

'제9장 돌아보기: 다른 사람들처럼'에서는 새로운 도덕적 공동체는 모든 사람이 참여할 수 있게 하는 '지원'을 제공하여야 할 책임이 있다는 것을 피력한다. 이 도덕적 공동체는 지적장애인의 삶의 질과 죽음의 존엄성을 향상시킬 수 있고, 그 공동체에서 지적장애인은 존중과 존엄성을 가지고 그들의 집과 지역사회에서 풍성한 삶을 살다가 죽음을 맞이하고 유산을 남기는 것을 그려 볼 수 있다고 이 책의 마무리가 제공된다.

이 책은 지적장애인들이 살아 내는 삶과 삶의 마지막 돌봄 과정
과 죽음 그리고 이들이 남기는 유산에 대한 새로운 관심을 환기시
키며, 지적장애인의 삶과 유산 주제에 대해 우리가 무엇을 생각하
고 무엇을 배워야 하는가를 질문하도록 이끈다. 그 질문에 대해 이
책은 지적장애 전문가, 특수교육자, 장애학자, 의료전문가, 사회복
지 전문가, 다양한 돌봄제공자, 부모와 가족, 보호자 및 옹호자들
에게 지적장애인이 높은 삶의 질을 누리며 사는 데 '정말 문제가 되
는 것은 무엇인가?'를 심도 있게 질문하며 그 답을 어떻게 찾아갈
것인지 현재로서 최선의 방법을, 새로운 도덕적 공동체를 만들어
갈 것을 제안한다. 미국의 두 분 Keith 박사들이 저술한 이 책에서
는 미국의 몇몇 지적장애인 삶의 사례들이 소개되는데, 우리는 그
사례로부터 지적장애인의 품위 있는 삶과 죽음 그리고 유산은 무
엇이 될 수 있는지 구체적인 안내를 받을 수 있다. 이 책으로 독자
들은 지적장애인들의 삶에서 어떠한 '선물'과 '기여'를 찾아낼 수 있
을지, 이들 삶의 사회문화적 의미는 무엇인지를 탐구해 나갈 길을
열어가게 된다.

개인적으로 이 책을 번역하는 중에 특정 문장들을 대하면서 저희
대학원 시절 멘토 교수님들의 강의 음성이 생생하게 들리는 듯하였
다. 이 책의 주요 논저에서 중요하게 빈번히 인용되는 지적장애 분
야 대학자 Dr. Wolf Wolfensberger와 Dr. Burton Blatt 두 분 교수
님께 직접 수학한 나는 그 인용되는 문헌들 내용의 배경과 주제에

대한 친숙함이 있어서 이 책을 정확하게 번역하는 것에 큰 도움이 되었다. 이 책은 지적장애인의 삶의 질 향상을 논하는데 '삶의 마지막 돌봄' '죽음'과 '유산'에 대한 주제를 새롭게 추가하여 언급한다. 이 과정에 지적장애인의 직접적 참여와 결정이 존중받아야 한다는 저자들의 논술은 아마 우리나라 독자들에게는 처음으로 새롭고 도전적인 학습이 될 수 있으며, 지적장애인의 품위 있는 삶과 죽음의 존엄성에 대한 사고의 폭과 깊이를 더하는 여정이 될 수 있다.

또한 이 책의 교육적 가치는 일반대중의 교양서적뿐 아니라 특수교육학, 장애학, 다양한 치료 및 재활상담 분야, 의학, 간호학, 사회복지학, 문화인류학, 사회학, 법학을 전공하는 예비전문가의 학부 및 대학원의 장애 관련 수업의 교재로 사용 가능하다. 덧붙여, 이 책은 지적장애인 및 발달장애인의 가족구성원들과 교육, 돌봄, 주거 및 고용 현장의 직접 서비스 전문가들에게는 지식을 제공하는 전문서적으로서의 가치뿐 아니라 중증 장애인 삶의 '사회문화적 의미'가 흔들릴 때, 좀 더 확고한 신념과 의지로 긍정적 생각을 지켜 나가게 하는 힘과 격려가 될 것으로 생각한다.

지적장애인들은 누구나처럼 완벽하지 않지만, 누구나처럼 존중받고 존엄성이 지켜지는 '새로운 도덕적 공동체'를 필요로 한다. 그 공동체는 지적장애인뿐 아니라 우리 모두가 바라는 공동체인 것이다. 이 공동체에서는 모든 사람이 각자의 고유한 모습으로 '가장 선한 기여'를 할 수 있게 하는 '서로가 서로를 돌보는 지원'이 가능하다. 이러한 메시지를 이 사회에 외칠 수 있는 첫걸음은, 우선은 지적장애인들이 분리된 시설이 아닌 지역사회에 통합되어 교육받고, 직장을 가지고 살 수 있도록 국가와 사회 차원에서 노력하는 것이다. 개인 차원에서는 장애 관련 종사자나 일반 대중 한분 한분은 이웃에 사는 지적장애인들과 최대한 자주 많이 만나서 그들의 이야기를 호기심을 가지고 존중 어린 태도로 경청하고 일상을 나누는 것에서 시작할 수 있다. 누구나 한 명 이상의 지적장애인 이웃이나 친구를 가지는 것이 특별한 일이 아닌 지극히 평범한 것이 되는데, 이 작은 책은 우리 마음과 생각을 긍정적으로 변화시킬 힘과 격려와 응원이 있다.

---

* 참조: 윤주헌(2024.11.10. 조선일보). "AI가 있는 한, 인간 뇌지도 완성은 시간 문제"; 박지민(2024.11.22. 조선일보). 몸의 구글맵... '인간 세포지도' 뼈대 나왔다.

추천사

품위있는 삶과 가치의 유산

Kenneth D. Keith케네스 D. 키스와 Heather E. Keith헤더 E. 키스는 지적장애와 비교문화 심리학 분야에서 상당한 기여로 아주 잘 알려진 분들이다. 지적장애인들의 삶과 유산(legacies)에 대한 그들의 가장 최근 기여는 모든 사람에게 중요한 한 쟁점, 개인의 삶과 유산에 대해 언급하는 것이다.

이 책에서 제시된 글은 잘 쓰였고 통찰력을 담은 9개의 장은 지적장애인에 대한 사회 차원의 관점과 국제적인 서비스 실제를 변화시킨 5가지의 상호 관련된 요소들을 반영한다. 이러한 요소들은 장애를 가진 사람들의 인권과 법적 권리에 대한 헌신을 포함하는데 다음에 반영된 것들이다.

- UN 장애인권리협약: UNCRPD
- 인간 기능성과 개인적 성과에 영향을 주는 미시, 중간단계 및 거시 체계 수준에서 다양한 요소들과 개인 사이의 상호작용에 초점을 두는 장애의 사회–생태학적 모델
- 한 개인의 능력과 성공적 참여를 위해 환경에 의해 요구되는 기술들 사이의 차이를 축소하는 개인적 지원 전략들의 사용

- 공평성, 통합, 권한 부여에 강조점을 두는 삶의 질(quality of life) 개념 그리고 개인적 발달, 자기결정, 사회적 통합, 대인 관계 및 정서적·신체적 및 물질적 안녕과 같은 삶의 질 영역들에 대한 초점
- 자유와 인간 존엄성 그리고 한 사회가 사람들의 삶을 향상시키기 위해 창출하는 조건들의 핵심 가치를 강조하는 장애에 대한 역량 접근(capability approach)

이 책에서 묘사된 접근은 이러한 상호연결된 요소들에 내재된 가치들에 기초하고 있다. 이러한 가치 중 최고 가치는 모든 사람이 성장하고, 발달하고, 그들의 사회에 기여하는 잠재력; 최소 제한적 및 안전한 환경에 살 수 있고 그들의 지역사회에 완전히 참여하는 인권 및 법적 권리; 그리고 그들의 사회에 기여하는 구성원이 되는 것이다. 한 개인의 장애는 분리해서 볼 수 없고 개인의 능력과 환경의 요구 사항과 기대 사이의 상호작용의 결과로 이해되어야 한다. 장기간에 걸쳐 적합한 지원이 주어지면, 인간 기능성은 향상될 수 있고; 모든 사람 사이의 삶의 질에 대한 바람은 성취될 수 있다.

출판된 자료와 개인적 이야기를 통해 이 책에 등장하는 삶에서 묘사되었듯이, 지적장애에 대한 우리의 이해는 결손 혹은 결함 모델(a deficit or defect model)에서 각각 개인은 강점과 약점의 고유한 혼합을 가졌다는 것을 강조하는 모델로 변화해 왔다. 이러한 이해는 동등한 기회와 개별화된 지원을 통해 개인의 삶을 향상시키는

것에 대한 사회의 헌신에 기초한다. 이 책을 통하여, 비인간화, 학대 및 유기에서부터 삶의 질, 자기옹호, 개별화된 지원 및 통합 환경의 성취 그리고 한 개인의 권리, 선택 및 지역사회 통합의 강조로 진화한 것에 대한 여러 예가 제공된다.

이 책의 진정한 독특한 기여는 독자들이 지적장애를 가진 사람의 유산을 고려하도록 요청하는 것이다. 저자들은 Anton Checkhov안톤 체홉의 말을 다른 말로 바꾸어 표현하면서, 개인의 유산은 지나쳐지거나 자취 없이 영원으로 멀어져 가서는 안 된다는 것을 강조한다. 지적장애를 가진 사람이 남기는 자취는 무엇인가?

오랜 기간 내가 알아 온 지적장애를 가진 모든 사람과 그 가족들로부터, 그들이 남긴 자취와 유산은 그들이 덜 바람직한 상황과 다양한 도전들에 적응하면서 보여 준 온전성(integrity); 그들이 그들의 희망, 꿈, 능력, 잠재력 및 대처 전략들에 대해 공유해 온 지식; 그리고 극도의 도전을 극복하고 다음 도전을 극복하기 위해 매일 아침 일어나길 계속하는 사람을 보면서 나오는 영감이다. 사회차원적 및 국제적인 관점에서, 지적장애인과 그 가족의 유산은, 그들이 높은 삶의 질을 이끄는 데 필수적인 인권 및 법적 권리, 동등한 기회 및 지원을 위해 이끌어 온 임무; 개인들에 대한 존중과 그들이 지역사회에서 살고, 개인적 결정을 하고, 그리고 장애인에 대한 더 광범위한 문화적 이해의 일부분이 되는 그들의 권리를 존중하는 것에 기초를 둔 하나의 새로운 도덕적 공동체를 개발하기 위해 그들이 공유해 온 비전이다.

그들의 가장 대단한 유산은 가치인데, 그것은 그들이 과거에 대우받았던 방식에 대해 반사실적인(counterfactual) 듯한 가치이다. 시설에 지적장애인의 분리, 검사의 오용, 홀로코스트와 장애인의 몰살, "아웃사이더"(outsiders)로서 죽어 가는 것에 대해 읽은 후, 이 책의 독자들은 사회에서 이러한 유형의 처우가 다시는 일어나지 않아야 한다는 것을 확실히 하기 위해 무엇을 할 수 있을까에 대해 자신에게 물어볼 것이다. 그 질문을 다루고 한 새로운 도덕적 공동체를 개발하는 것은 이 책의 유산일 것이다.

이 목적을 위해, 이 책은 무엇인가를 하지 않아야 하는 점들과 동시에 무엇인가를 하여야 하는 점들 양쪽을 다룬다. 우선 무엇인가를 하지 않아야 한다는 맥락에서 저자들은 철학, 심리학, 의학 그리고 고정관념과 부정확한 정보에 기초를 둔 지적장애인에 대한 문화적 관점과 유산을 창출하는 더 광범위한 공동체의 역할을 점검해 본다. 또한 무엇인가를 해야 하는 관점에서, 저자들은 지적장애의 사회적 구조(social construction), 삶의 질 개혁 및 지원 패러다임이 어떻게 지적장애인을 동등한 사람으로 존중하는가에 뿌리를 둔 새로운 도덕적 공동체를 향하여 함께 나아갈 수 있는가를 탐구한다. 이것은 그들의 개인적 권리, 개인적 목표 및 기회들을 확실히 하고; 사람들이 할 수 없는 일보다는 오히려 할 수 있는 그 무엇으로 인정되는 한 사회를 그린다. 앞에서 제안한 것들을 충족할 수 있다면 지적장애인의 삶과 유산 양쪽 모두는 풍성해질 것이다.

Robert L. Schalock, Ph.D.

저자 서문

이 책은 지적장애인들의 삶의 문화적 기여와 그 의미를 바라볼 한 새로운 방법을 구조화하기 위한 노력이다. 이 책은 삶의 마지막 계획(end-of-life planning), 죽음과 비탄과의 대응, 혹은 죽어 가는 것과 죽음의 과정 그 자체에 관한 책은 아니다. 궁극적으로, 우리들 각자는 우리가 가족, 친구 및 공동체에서 수행한 역할들로, 우리 주변의 사람들에게 우리가 한 기여로 기억될 것이다. 우리는 지적장애인의 유산이 다른 사람들과 같이 의미 있고 중요한 것으로, Anton Chekhov안톤 체홉 작가의 말로, 그들의 삶은 "지나쳐지거나 자취 없이 영원으로 멀어져 가서는" 안 된다는 것을 보여 주는 것이 목적이다.

심리학자, 교육자, 돌봄제공자, 학자 및 가족 구성원들에게는 지적장애인을 어떻게 돌보고 교육하는지를 상세히 알려 주는 유용한 자료들이 많이 있다. 또한 지적장애인의 삶의 질과 비인간화에 대해 많은 출판물이 있다. 우리는 장애에 대한 생각의 사회적 및 문화적 구조 안에 곁들여진 그들의 이야기를 통해, 그것 자체는 무엇이 우리를 한 도덕적 공동체의 한 부분이 되게 하는가에 대해 더 광범위한 철학적 관점들에 곁들여진 이야기를 통해, 장애를 가진 사람들의 유산(legacy)에 대한 생각에 관해서 탐색의 대화를 추가하는 것이 목적이다.

우리는 학자들과 현장 전문가뿐 아니라 지적장애인의 가족들에게 접근가능한 이 책이 지적장애인의 삶과 유산을 기념하고 더 잘 이해하고 삶의 질을 향상시키는 한 새로운 도덕적 공동체(a new moral community)를 향하여 나아가는 데 도구적 기능을 감당할 수 있다고 믿는다. 이러한 목적을 위해서, 우리는 광범위한 적절한 문헌에 대한 검토; 인간성(humanity), 성장 및 발달에 대한 한 철학적 관점; 그리고 실제 사람들의 이야기를 포함하는 간학문적 접근을 취한다. 우리는 지적장애를 정의하는 데 있어서 사회적 맥락의 중요성 그리고 지적장애인이 의미 있는 일상생활 활동들에 참여를 확실히 하는 지원의 역할의 중요성을 강조한다. 장애인은 모든 공동체의 기본 구조에 한 부분이며, 그들의 삶과 기여는 그들의 공동체들의 유산의 한 부분이 되어야 한다. 이 책의 각 장에서 우리는 다음을 논의한다.

- 인간의 존재(to be human)란 무엇을 의미하는지와 삶, 죽음 및 지적장애인의 인간성에 대해 과연 누가 결정을 하여야 하는가;
- 지적장애인이 죽고 때때로 잊히는 데에서 떳떳하지 않은 방식;
- 지적장애의 사회적 구조(construction)와 새로운 도덕적 공동체에 대한 그것의 함의;
- 삶의 질 개혁과 그것이 새로운 도덕적 공동체에 미치는 기여;
- 지원 운동(supports movement)과 새로운 도덕적 공동체의 수립에 있어서 그것의 역할;

- 실제 사람들의 삶과 유산;
- 삶의 의미들과 잘 산다는 것과 잘 죽는다는 것에 대한 그것의
  기여.

끝으로, 지적장애인은 성장, 관계 및 공동체에 기여하는 것을 포
함하는 풍성한 삶을 원하고, 그러한 삶을 가질 수 있다고 우리는 믿
는다. 그들은 잘 살 수 있고, 잘 죽을 수 있고 그리고 존엄과 존중의
유산을 남길 수 있다.

KDK   HEK

Omaha, NE   Radford, VA

제 **1** 장

시작하며:
삶과 유산에 대한 생각

Jon Will존 윌은 1972년에 태어났다. 의사는 그의 부모에게 그를 집으로 내려갈 것인지 혹은 그를 한 시설에 보내겠는지 여부를 물었다. 그 질문은 Jon존이 다운증후군(Down syndrome)을 가졌기 때문에 제기되었으나 그의 부모는 그 신생아를 집으로 데려가는 것을 당연한 것으로 여겼기에, 그 질문은 존의 부모를 놀라게 했다. 40년 후에 글을 쓰면서, Jon존의 아버지, 정치적 시사를 쓰는 칼럼니스트 George Will조지 윌은 Jon존의 메이저리그(major league) 야구에 대한 애정과 야구팀 워싱턴 내셔널즈(Washington Nationals)에 대한 그의 특별한 애착을 포함하여 삶의 풍부함에 대해 이야기하였다. Will윌(2012)은 이 세상이 만약 다운증후군을 가진 더 많은 사람으로 채워질 수 있다면 더 좋은 곳이 될 것이라고 제안하였다. 그러나 그 의사의 태도는, 한 가정에서 다운증후군 아이가 한 구성원 자리를 찾을 수 있는지에 대해 불확실한 태도로, 지적장애를 가진 사람에 대한 전형적인 태도를 보였는데 우리의 역사에 너무도 흔히 있는 일이다.

삶의 한가운데에 죽음?

장애에 대한 전통적인 관점들은 정상 기능성(normal functioning)에 대한 한 기준이 실재하고, 그 기준으로부터의 일탈이 장애를 구성한다는 인식에 그 기초를 가지고 있다(Barnes, 2016). 18세기까지, 교회는 교육받지 못한 것으로 간주되는 사람들에게 "백치"(idiot)란 용어를 적용하였다(Goodey, 2011). 다시 말해, Pierre Charron 피에르 샤론(1707, p.133)이 "삶의 한가운데에 죽어있는"(dead in the very midst of life)이라고 간주한 사람들이다. 철학자들은 지적장애를 가진 사람들이 도덕적 추론을 할 수 있는 관련 능력에 대해, 나아가 심지어 그들이 인간인지 여부에 대해 논쟁을 하여 왔다. 미국의 초창기 시대에, 지적장애의 조건은 때때로 우습게 지각되었으나, 동시에 동정과 기독교적 자선을 받는 대상으로 고려되었다(Trent, 1994). 그러나 지적장애를 가진 사람들은 항상 사회에서 잘 수용되지는 않았고, 지적장애의 예방이나 반전, 분리 혹은 말살을 향한 목적을 가진 노력의 대상이 자주 되어 왔다(Wolfensberger, 1975). 지적장애의 지각은 오랫동안 사람들을 표찰(labeling)하는 것으로(예: Berkson, 2006; Evans, 1945; Keith & Keith, 2013) 그리고 그들의 시설수용화(institutionalization)로 이끌었다(Wolfensberger, 1975).

비록 지적장애를 가진 많은 사람이 비장애인에 의해 잘 대우받았음에도 불구하고(예: Will, 2012), 많은 다른 지적장애인은 오랫동안 다양한 유형의 범죄 관련, 금융 관련, 심리적 및 성적 희생화(victimization)의 대상이 되어 왔다(Fisher, 2016). 고령의 지적장애인들은 아마 학대의 특별한 위험이 있었고(예: Strasser, Smith, & O'Quin, 2016), 지적장애인들은 그들의 집이 아닌 다른 곳에서 그의 친구나 가족구성원들과 정기적인 상호작용을 가지는 데 있어서 다른 사람들보다 훨씬 적은 기회를 가졌다(Bigby & Wiesel, 2011).

만남의 중요성

공공장소에서 지적장애인과 낯선 사람들 사이의 짧은 마주침을 관찰하여, Wiesel 위즐, Bigby 빅비와 Carling-Jenkins 칼링-젠킨스(2013)는 그러한 마주침은 배제적이거나 혹은 통합적(inclusionary)일 수 있으나 진정으로 우호적인 것은 드물다는 것을 밝혔다. 지적장애인에 대한 긍정적 태도의 개발이 장애가 있는 사람과 없는 사람들 사이의 질 높은 상호작용 경험과 연관되어 있다는 사실의 견지에서, 이러한 발견은 유감스럽다(Page & Islam, 2015). 유사하게, 지적장애인과 일할 의료적 및 교육 관련 분야의 전문가를 모집하는 것이 어려울 수 있음에도 불구하고, 지적장애인에 대한 그들의 태도와 관련된 중요한 한 요소는 장애를 가진 사람을 아는 이전의 친분(Scior, 2011; Scior, Addai-Davis, Kenyon, & Sheridan 2013; Werner & Grayzman, 2011)이다. 장애를 가진 사람을 아는 것은 중요하며, 특별히 필수적인 것은 상호작용의 질이다(Keith, Benetto, & Rogge, 2015). 여전히, 의대생들은 지적장애를 가진 사람들을 처치하는 것에 대해 불안해할 수 있고(Ryan & Scior, 2016), 현장의 건강돌봄 전문가들은 낙인적 관점(stigmatizing views)을 가지고 있을 수 있다

(Pelleboer-Gunnink, Van Oorsouw, Van Weeghel, & Embregts, 2017).

지적장애인들과의 긍정적 개인적 경험의 부재로, 지역사회 구성원들은 그들에게 낙인을 찍을 수 있고, 그 결과, 지적장애인은 괴롭힘과 차별에 너무 자주 놓이게 된다(예: Ali et al., 2015; McHugh & Howard, 2017). 그러나 지적장애를 가진 또래에 대한 태도는 통합 환경이 아닌 곳보다 통합학교 환경에서(Georgiadi, Kalyva, Kourkoutas, & Tsakiris, 2012) 그리고 나이가 더 어리고 교육수준이 더 높은 사람들 사이에서 더 긍정적일 수 있다(Morin, Rivard, Crocker, Boursier, & Caron, 2013). 덧붙여, 지적장애인에 대한 대학생들의 지각은 장애인의 나이가 많아질 때 더 부정적으로 되는 듯하다(Ahlbom, Panek, & Jungers, 2008). 비록 Ahlbom알봄과 그의 동료의 연구에서 밝힌 연구결과가 어린 아동에서 지적장애인에 대한 것이긴 했지만, 후자의 결과는 일반 대중에서 고령자에 대한 부정적인 태도를 반영하는 연구와 일관적이다(McConatha, Schnell, Volkwein, Riley, & Leach, 2003; Palmore, 1982).

그러한 연구결과가 지적장애를 가지고 고령화되는 사람들에 대해 제안하는 것은 무엇일지 그리고 이 책의 목적을 상기하면서, 그들의 유산(legacies)은 무엇일지, 우리는 궁금해진다. 지적장애인은 죽음에 대해 무엇을 생각하는지 그리고 그들은 어떻게 기억되기를 원하는지? 이러한 질문들에 대해 다음 장들에서 우리는 탐구해 나갈 것이다.

삶과 유산

지적장애인이 좋은 삶을 추구할 때, 그들은 다른 사람들이 그들의 삶에서 원하는 것과 같은 것을 기본적으로 원한다(Morisse et al., 2013). 그래서, 지적장애인의 지역사회나 문화에서 항상 가치 있게 여겨지지 않았던 개인들의 삶과 삶의 질 향상뿐 아니라 죽음과 죽음의 의미에 대해 이야기하는 것은 타당하다.

유산이란 무엇인가?

아마 우리 모두는 기억되길 원할 것이다. 우리의 삶이 끝날 때, 우리는 무엇을 남기고 가기를 희망하는가? 유산이란 단어는, 중세 라틴어에 기원을 두며, 유언으로 남겨진 돈의 총합을 포함하여, 왕처럼 중요한 어떤 사람을 대표하는 대표단의 한 집단까지 여러 의미가 있다. 그러나, 그 용어는 또한 "한 조상으로부터 물려지는 만질 수 있는 혹은 만질 수 없는 것; 오래 지속되는 영향……"을 의미할 수 있다(Shorter Oxford English Dictionary, 2002, p. 1568). 우리가 우리의 자손에게 이 세상에 속한 어떠한 소유물을 남기는 것에 더하여, 우리는 그들에게 기억들, 지각들 그리고 우리가 누구인지(였는지)에 대한 감지(sense)—만질 수 없는, 오래 지속되는 영향, 한 유산을 아마 남기게 된다. 어떤 사람의 유산이 무엇일지는 적어도 부분적으로 그들의 평범한 혹은 비범한 삶과 죽음에 대한 존엄성에 대한 것일 것이다.

죽음에 대한 생각

연구자들은 지적장애인의 죽음에 대한 이해와 지각을 연구하였다. McEvoy 맥이보이와 그의 동료는(McEvoy, 1989; McEvoy, MacHale, & Tierney, 2012), 예를 들면 지적장애를 가진 대부분 성인들은, 죽음이 최종 마지막이라는 것과 모든 살아있는 것은 죽는다는 사실을 포함하여 죽음에 대한 약간의 이해를 가지고 있다고 밝혔다. 그러나 이러한 이해는 불완전하였고, 그로 인해 적어도 몇몇 개인들은 사실적으로 부정확한 믿음에 취약하였다. 때때로 제한된 이해에도 불구하고, 연구는 지적장애인이 죽음과 연관된 슬픔을 경험한다고 밝혔다(McEvoy, Treacy, & Quigley, 2017). 지적장애가 없는 사람들과 유사하게 상실과 비통에 반응한다(Mason & Dowling, 2016). 그렇기는 하지만, 지역사회 주거 스태프(community living staff)는 지적장애인이 죽음에 대해 알아야 한다고 동의함에도 불구하고(Wiese, Dew, Stancliffe, Howarth, & Balandin, 2013), Wiese 위즈, Stancliffe 스탠클리프, Dew 듀, Balandin 발란딘과 Dowarth 다워스(2014)의 연구에 의하면, 지원 스태프는 죽은 이가 어떻게 기억될 것인가를 포함하여 지적장애인이 죽음을 준비하고 죽음을 다루는 것을 돕는 일을 실제 거의 못 한다고 지적하였다.

이것은 스태프가 지적장애를 가진 그들의 친구들 혹은 클라이언트의 죽음을 보살피지 않거나 죽음에 의해 마음이 움직이지 않는다는 것을 말하는 것이 아니다. 그들은 목사 혹은 장례 서비스를 하는 다른 사람들과 함께 일하며 그들이 적합한 장애 용어를 사용하도록 돕고, 그럼으로써 지적장애를 가진 친구에 대한 기억을 보호하고 기념하고, 그리고 그들은 죽은 사람을 기념하기 위해 공원 벤치 혹은 정원과 같은 물리적인 기억체(physical memorials)를 만드는 것을 도울 수 있다(예: Todd, 2013). 또한 돌봄제공자들은 지적장애를 가진 말기 환자인 한 사람의 삶에 아주 강력하게 정서적으로 애착이 되어 있어서 죽음에 대해 이야기하는 것이 단지 너무 벅찰 수 있다(Tuffrey-Wijne et al., 2013). 사실, 돌봄제공자들은 지적장애인을 위한 장례 절차에 대해 그리고 지적장애인에게 다른 사람의 죽음에 대해 알려야 할지 말지(혹은 어떻게 알려야 할지)에 대해 애매모호함과 혼돈을 표현하였다(Forrester-Jones, 2013). 나아가, 지적장애인 스스로 사회적인 유산(social legacy)을 남긴다는 인식, 그들의 죽음이 사회차원적 공백(societal gaps)을 만들 수 있고, 그들을 사랑했던 사람들에게 강력한 의미가 있다는 인식이 학계 문헌에 나타나는 데에는 시간이 걸렸다(Todd, Bernal, & Forrester-Jones, 2013).

과거는 어떠하였나?

지적장애인의 유산이 특별한 관심의 대상이 되었던 경우는, 종종 오해 혹은 학대에 대한 한 사례 연구에서였다. 그래서 한 다운 증후군 남성이 경찰서 구류에서 죽었을 때, 경찰을 위한 한 특별한 훈련 프로그램이 그의 "유산"이 되었으며(Vargas, 2014), 사형을 선고한 판결은 때때로 사형죄에 연루된 지적장애인의 유산이 되어 왔다(Sundby, 2014).

지적장애를 가진 어떤 사람들은 본보기가 되는 방식으로 자신들 이름을 남기는 데 성공하였다. 예를 들면, 제8장에서 보게 될 Raymond Loomis 레이몬드 루미스는 자기옹호자로 강력하고 영감을 주는 지도자로서 알려지게 되었다(Williams & Shoultz, 1982); Nancy Ward 낸시 워드는 지적장애인의 권리를 위해 널리 존경받는 목소리를 내게 되었다(Keith & Schalock, 2016a; Ward, 2000). 그리고 Ruth Sienkiewicz-Mercer 루스 시엔키비츠-머서는 그의 탈시설수용화(post-institutional)의 옹호활동으로 많은 사람에게 더 개선된 삶을 이끌게 되었고, 벨처타운 시설(Belchertown State School)[역자주: 이 시기의 수용시설의 이름엔 State School이 자주 사용됨]의 폐쇄에 한 역할을 하였다(Sienkiewicz-Mercer & Kaplan, 1989).

아직도 다른 지적장애인들은 여흥으로 "기이한 사람"(freaks)으로(Bogdan, 1988; Warren, 1851), 홀로코스트 잔인성의 희생자(예: Zoech, 2003)로 아주 극적이고 불행한 방식으로 알려지게 되었다. 어떤 사람들은 이름 없이 죽어, 번호가 적힌 벽돌 표지 밑에 묻히게 되거나(예: Dempsey, 2000) 혹은 아예 표지조차 없이 묘지에 버림받는 운명에 처하게 되었다(Walsh, 2000). 이러한 사람들 모두는 우리의 관심에 들게 되었는데, 왜냐하면 살아서나 혹은 죽어서, 그들은 어떤 면에서 눈에 띄기 때문이다. 그들의 이야기는, 끔찍할 때에도 아주 이색적이다. 불행하게도, 우리의 글로 표현된 역사는 시설의 잔혹한 특성(Blatt & Kaplan, 1966; Wolfensberger, 1975)에서부터 우생학 운동의 희생자(예: Goddard, 1912, 1914), 동등한 권리의 거부(Burgdorf & Burgdorf, 1975) 그리고 누가 살아야 하나 죽어야 하나의 질문(예: Kuhse & Singer, 1985)까지, 너무도 많은 이러한 자극적인, 부정적 이야기로 어지럽혀져 있다. 그러나, 보통 사람의 평범한 삶은 어떠할지 우리는 궁금해진다.

평범한 사람들

우리는 비범한 사람들의 뉴스에 의해 때때로 많은 정보가 쏟아진다고 느낄 수 있는데, 그 비범함이란 유명세, 기괴한 행동, 탁월한 운동 기술, 혹은 굉장한 부(wealth)의 여부이다. 그러한 사람들은 미디어 흥미를 다양한 방법으로 산출하는데, 그것들의 얼마는 감탄할 만하고 다른 것들은 악명 높은 것이다. 물론, 지적장애를 가진 사람들을 다소 특별하게 대우하는 문화적 경향성이 있고, 그들은 스트레스의 피할 수 없는 출처로서 혹은 그들 가족에게 병리적인 것으로 자주 그려진다(Dykens, 2005; Hodapp, 2002). 우리의 일상생활은 평범한 사람들로 이루어지는데, 이 평범한 사람들의 얼마는 지적장애를 가진 친지들일 수 있고, 그의 부모들은 여러 도전들이 있음에도 다른 아동들의 부모와 같이 잘 적응하기도 한다(Carr & O'Reilly, 2016). 그 가족들은 지적장애인 가족 구성원을 둔 것에 대한 다양한 긍정적 측면들을 경험할 수 있다(Dykens, 2005; Floyd, Purcell, Richardson, & Kupersmidt, 2009).

평범한 사람들이 어떤 면에서 특별한 친구 혹은 동료가 되는 특성들과 행동들을 보이는 것과 마찬가지로(예: Sack, 2015), 지적장애인들도 역시 그러할 수 있다(Niemiec, Shogren, & Wehmeyer, 2017). 그러한 강점들은 개인적 자율성(Björnsdóttir, Stefánsdóttir, & Stefánsdóttir, 2015), 의사소통, 여가활동, 지역사회 참여 및 다른 사람들과의 대인관계(Carter, Brock, & Trainor, 2012)를 포함할 수 있다. 청소년과 젊은 성인 427명에 대한 한 연구에서, Carter카터와 그의 동료는(2015) 부모들이 모든 장애 정도에서, 연구 샘플의 모든 구성원에 대해 긍정적 특성을 판별할 수 있었다고 보고하였다. 나아가, 고용주들은 지적장애인들을 친절하고 개방적이라고 자주 묘사한다(예: Andrews, 2005). 흥미롭게도, 지적장애 아동의 실재는 형제 자매의 심리적 성장을 향상시킨다(Findler & Vardi, 2009). 부모들은 지적장애 아동을 양육하는 많은 긍정적 효과를 보고하는데; 그것들 중에는 개인적 강점과 자신감의 증진, 삶에 대한 감사의 증가, 아동의 성취에 대한 감사 그리고 더욱 의미 있는 관계들이 포함된다(Beighton & Wills, 2017).

이 주제에 대한 학문적인 연구를 넘어, 이 아동들의 유산이 그들의 가족에게 얼마나 중요한지, 장애의 수준을 초월하는 현실을 파악하기 위해 부모들이 쓴 감동적인 이야기들을 읽는 것이 필요하다. 그래서 지적장애 아동을 양육하는 데 동반될 수 있는 불안과 스트레스에도 불구하고, 부모들은 개인적 성장, 자부심, 기쁨 및 그 역할이 가져오는 경험의 다양성을 위한 기회들을 가치 있게 본다(Lodewyks, 2015). 그리고 어떤 다른 가정의 구성원들과 같이, 그들은 그들의 자녀의 유산을 소중하게 생각하고 보존할 좋은 이유를 가지고 있다. 그들은 우리 모두가 가족과 친구들에게 가지고 있는 기억들을 특성화할 좌절, 성공, 좋은 일, 나쁜 일 그리고 사랑을 기억할 것이다.

미래: 지적장애에 대한 사고의 새로운 한 방식

사람들은 오랫동안 다른 사람들을 포함하여 물건들을 조직화하고 집단들로 범주화하는 경향이 있어 왔다. 우리가 물건들을 그것들의 두드러진 특성(예: 색, 크기, 모양, 기능)에 따라 분류하듯이, 우리는 사람들을 나이, 인종, 성, 국가 혹은 지능과 같은 분명한 특성들에 따라서 그렇게 분류한다. 심지어 그러한 범주들이 쓸모가 없거나 근본적으로 의미가 없는 경우에도 우리는 지속한다. 예를 들면, 인종이란 개념이 다른 문화에 의해 그리고 다른 학분 분야의 연구자들에 의해 다르게 정의가 되는데—그것은 근본적으로 불확실한 생물학적 기반을 가지고 있고(Zuckerman, 1990), 사회적으로 구조화된다(Eberhardt & Randall, 1997). 그것의 경계들은 애매모호하며 사회적 맥락에 따라 다양하다(예: Davis, 1991). 다른 문화들의 사람들은 집단화 혹은 범주화에 있어서 다른 특성들에 관심을 기울이며(Ji, Zhang, & Nisbett, 2004), 사람을 분류하는 그들의 방법들이 시간이 지나면서 변화할 수 있다. 그래서, 미국 문화 안에서, 동성애는 미국심리학회와 미국정신의학회에서 비정상(abnormal)이 아니라고 결정할 때까지는 1970년대에는 비정상으로 고려되었다. 그러나, 21세기에 중국에서는, 중국 정신의학회에서 분류체계를 변경하였던 21세기까지도 하나의 질환(disorder)으로 여전히 남겨져 있다.

유사한 맥락에서, 1973년에 "정신지체" 표찰(label)을 가졌던 많은 사람이 분류 기준(측정된 지능지수, IQ에서 평균 아래로 1 표준편차에서 2 표준편차로 변경; Grossman, 1973; Trent, 1994)에서 변화가 있음에 따라 더 이상 "정신지체인"(retarded)으로 고려되지 않는 경우가 있었다[역자주: 1973년 AAMR의 정신지체 정의에서 IQ 절사점이 IQ 85에서 IQ 70으로 하향 조정됨]. 표찰이 되었던 사람들은 변화하지 않았다—그러나 그들의 범주를 정의하는 특성이 변화하였다. 사람에 대한 우리의 언어적 개념화는 우리가 그들에 대한 관점과 대우하는 방법들을 형성할 수 있기 때문에 중요하다(Lakoff & Johnson, 1980). 지적장애는 실제 세상에서, 한 고정된 실체(entity)인가 혹은 개인적 요구를 가진 사람들의 통합(inclusion)을 지원하는데 잘 준비되지 않은 환경에 의해(예: Rapley, 2004), 혹은 그것은 표찰을 할 수 있는 지위에 있는 사람들의 마음 안에서 창조된(Lea, 1988), 일종의 사회적 구조(social contruction)인가? Burton Blatt 버튼 블랫(1999d)이 주장하였듯이, 지적장애는 지능지수(IQ) 혹은 행동적 평가로 압축되거나 묘사될 수 없고, 그러나 그 대신 사람들, 지역사회, 가치 및 희망에 기반을 둔다.

누구나 고유한 한 사람

200년 이상 동안, 마서즈 비니어드(Martha's Vineyard)는 선천적 농인(deaf) 대규모 집단의 집이 있었다. 그러나 이 섬의 누구나가 수어(sign language)로 말을 했기에 청각 손상이 있는 사람들은 한 장애(a disability)를 가진 것으로 간주되지 않았다(Groce, 1985). 이 경우는 사회적 구조의 위력과 지원 패러다임(a supports paradigm)의 논리적인 궁극적 성과의 극단(그러나 감탄할 만한)의 예이다. 그들은 진정으로 적응적인 한 환경에서 개인적 지원 특성이 제자리에서 작동 중인 환경을 가졌었기에, 그들의 마서즈 비니어드 지역사회에서 독립적으로 기능할 수 있었다. Stancliff 스탠클리프, Arnold 아놀드와 Riches 리치스(2016)는 지원 패러다임은 하나의 광범위한 개념으로 보조기기(adaptive equipment), 환경적 디자인 및 보조인력과 같은 지원을 포함한다고 말했다. 중요한 개인적 지원의 제공은, 개인을 특별하게 단순히 표찰하는 것 대신에, 환경을 특별하게 만드는 것(Throne, 1972이 옹호하였듯이)의 방향성에서의 한 단계이다.

적절한 지원의 제공은 장애에 대한 지각과 지적장애인의 유산을 극적으로 변화시킬 잠재력을 가지고 있다. 한 개인의 현재 위상과 더 바람직한 위상 사이의 한 가교를 제공함으로써, 지원은 무엇인가(what is)를 무엇일 수 있는 것(what can be)과 연결할 수 있다(Arnold, Riches, Parmenter, & Stancliffe, 2009). 마서즈 비니어드에서 수어가 유창한 한 지역사회의 지원은 모든 사람이 "정상"이 되는 것을 가능하게 했으며, 동네 사람들은 농인 주민에 대해 어떤 생각을 했는가 질문받았을 때 한 남성이 다음과 같이 말하는 것을 가능케 했다. "…… 동네 사람들은 그들[역자주: 농인]에 대해 아무런 생각을 안 했고요, 그들은 누구나와 같았어요"(Groce, 1985, p.2). Groce그로스가 전하듯이, 누구나가 장애(a disability)로 기억되지 않았고, 한 고유한 개인(a unique individual)으로 기억되었다.

이 책의 목적

이 책의 나머지 부분에서, 고정관념과 잘못된 정보에 자주 기초를 둔 지적장애인에 대한 문화적 지각과 유산을 창출하는 데 있어서, 철학, 심리학, 의학 및 더 광범위한 지역사회의 역할에 대해 심층적인 탐색을 하고자 한다. 우리는 인간이라는 것이 무엇을 의미하는지 혹은 누가 살아야 하는지, 우리는 철학, 심리학, 의학 그리고 그러한 시각들의 심오한 함축성에 대해 다른 관점들을 탐구할 것이다. 고정관념과 잘못된 이해는 고립된, 분리된 서비스, 지능검사와 표찰의 남용과 오용에 의해 오래 유지되었고, 지적장애를 가진 사람을 없애려는 운동이 있었다. 우리는 어떻게 문화가 지적장애인, 때때로 그들 삶의 마지막에 이름 없는 상태가 되는 지적장애인의 죽음과 유산을 다루어 왔는가를 나타내 보일 것이다.

우리는 지적장애라는 사회적 구조, 삶의 질 개혁 및 지원 운동이 어떻게 개인과 개인적 권리, 개인적 목표와 선택 및 광의의 문화적 이해에 대한 존중에 뿌리를 둔 하나의 새로운 도덕적 공동체(a new moral community)를 향하여 역할을 할 수 있는지를 더 탐구하면서 우리의 관심을 미래로 돌릴 것이다. 지적장애인의 가족들과 친구들은 지적장애인의 유산의 중요성을 우리가 보도록 도울 것이며, 지적장애인은 우리가 그들의 삶에서 중요한 것은 무엇이며 그들은 어떻게 기억되기를 희망하는지를 알도록 도울 것이다. 이것은 우리가 하나의 새로운 도덕적 공동체라고 부른 것에 한 단계 더 가까워지도록 우리를 인도할 것이라고 믿는다(Keith & Keith, 2013). 이 공동체는 사람들이 할 수 없는 것이 아닌 할 수 있는 것으로 인정받는 곳이다(Bérubé, 2010). 유전학자 Bruce Blumberg브루스 블룸버그가 주장하였듯이, 지적장애인을 더 적은 존재(as lesser)로 고려하는 것은 실수이다. 그 대신 그는 "무엇보다 더 적은 존재는 없다, 단지 다를 뿐이다. 중요한 것은 대단한 지성(mind) 만이 아니다. 대단한 영성(spirit)도 역시 중요하다."라고 말했다(Brown,

2009, p.284). 용기, 장벽, 영웅적 행위, 성장, 사랑(Perske, 1980) 및 유산도 중요하다.

1장의 마무리

반세기 전에, 지적장애를 가진 것으로 추정되는 영아가 시설 보살핌의 삶으로 보내지고, 인간보다는 좀 못한 존재(less than human)로 여겨지는 것은 드문 일이 아니었다. 장애는 개인의 한 특성, 한 결함으로 고려되었고, 교회와 다른 시설들의 관점에서 지적장애인은 "정신박약"(feeble-minded) 혹은 "백치"(idiots)였다. 이러한 "일탈자"(deviants)들의 많은 사람이 가족들 혹은 친구들로부터 떨어져서, 장애가 없는 사람들과 상호작용할 기회가 거의 없이, 그들의 삶의 많은 부분을 보냈다. 지적장애인에 대한 부정적 태도는 그들과 접촉을 가지지 못한 사람들 사이에서 더 심각했고, 지적장애가 상당 부분 하나의 사회적 구조라는 사실에도 불구하고, 그것을 표찰하고 그것에 정의(definition)를 내려줄 수 있는 힘을 가진 사람들에 의해 그것의 특성은 왜곡되었다.

지적장애인의 삶을 개선하기 위한 현대의 사상은 이들이 지역사회의 주류에 더 완전히 참여하는 것을 허용하는 지원의 제공에 집중된다. 지적장애인의 가정, 학교, 직장 및 사회적 환경에서 이들을 지원하는 이 접근은 개인의 결함의 가정에 기초한 표찰과 태도를 동반할 수 있는 비인간화를 넘어가는 것이 목표이다. 앞으로의 장들에서, 우리는 하나의 새로운 도덕적 공동체를 위한 필요성을 명확하게 만드는 상황들, 그것을 가능케 하는 철학적 및 사회문화적 관점들 그리고 지적장애인의 삶과 유산을 위한 함축성을 논의할 것이다.

제**2**장

장애를 가지고
살고 죽는다는 것

지적장애가 있든 없든 모든 사람은 삶에 대해 다양한 감정과 태도를 경험한다. 지적장애인은 일반적인 삶의 기회를 잃을 듯한 생각과 관련해 상실감을 느끼거나 다른 사람들에게 이해받지 못하는 데서 오는 분노와 절망감을 가진다. 또는 지적장애를 가지고 사는 삶의 어려움에 대한 책임이 무엇에 (혹은 누구에게) 있는지 알고자 하는 바람과 관련된 감정을 느낀다(Manners & Carruthers, 2006). 동시에 그들은 오해와 편견으로 인해 부담을 가지지만, 지적장애인은 그러한 어려움을 극복하고 행복하고 풍성한 삶을 살 수 있고, 또 실제로도 그렇다(Fliesler, 2016). 지적장애인의 요구는 특정 영역에서는 충족되지만 그렇지 않은 영역들도 있는데(Bertoli et al., 2011), 그들의 일상생활은 적절한 훈련을 가능케 하는 지원으로 향상될 수 있다(Totsika, Toogood, Hastings, & McCarthy, 2010).

많은 지적장애인이 만족스러운 삶을 사는데도 불구하고, 누가 살아야 하는지(who should live)에 대한 논의에 있어서, 철학자들은 부모와 장애를 가진 자녀의 삶의 질은 상호 배타적인 것으로 여겨왔다(예: Singer, 1993). Aristotle아리스토텔레스(1988/350 BCE, p.182)는 "장애아를 양육하지 못하도록 법을 제정하라."라고 하였다. 다른 철학자들(예: Nussbaum, 2006, 2011)은 지적장애인의 복지를 옹호하는 데 있어서 매우 다른 입장을 취한다. 이 장에서는 누가 살아야 하고 그리고 그것을 누가 결정해야 하는지에 대한 철학적 관점이 지적장애인에게 주는 함의에 대한 핵심 질문들을 다룰 것이다. 이 질문들은 출생 시 혹은 신생아 시절에 생길 수도 있지만, 추후 인생에서도 사형, 삶의 마지막 돌봄(end-of-life care)과 같은 문제, IQ(지능지수) 하나가 사형선고에 맞먹는 의미일 수 있는지와 관련하여 이러한 대우나 돌봄이 제공되거나 거부되는 문제를 다룰 때 대단히 중요해질 수 있다.

또한 이 장에서는 지적장애인의 삶과 유산에 대한 시각을 형성하는 데 있어서 분리 정책(segregation)과 우생학(eugenics)이 어떤 역할을 하였는지 살펴볼 것이다. 엘리스섬(Ellis Island) 및 여러 곳에서 시행되었던 공공정책이 지적장애를 가진 것으로 추정되는 이민자들에게 표찰을 붙이고 거부했던 것이 이제 백 년이 조금 지났다(예: Goddard, 1913a). 이 정책의 시행에 있어서 지능검사의 오용이 큰 역할을 했다(Smith & Wehmeyer, 2012). 이 주제는 이 장의 나머지를 구성하고 있다.

저가치화의 철학과 역사

인간이라는 것이 무슨 의미인지, 누가 권리를 가지는지, 누가 도덕적 공동체의 구성원인지에 대한 개념은 수천 년간 서양 철학의 핵심 질문이었다. 이러한 철학적 또는 도덕적 체계는 지적장애인의 인간성 말살에 기여해 왔다. 이 개념은 이성(reason)이 인간을 신과 같은 완벽함에 가장 가깝게 만든다는 관점에서 인간 능력을 바라본 Plato 플라톤(Stainton, 2001b)에서부터 이성을 인간의 본질의 정점으로 본 계몽주의적 이상(예: Descartes, 1641/1952) 그리고 의무나 책임에 대해 지적인 사고를 할 수 있는 능력이 도덕적 선(moral goodness)과 온전한 정치 참여를 위해 필수적이라는 현대의 도덕적·정치적 이론까지 다양하다(예: Rawls, 1999; Singer, 1993). 수백 년 동안 철학은 온전히 도덕적으로 사고하고 혹은 심지어 온전히 인간이기 위해서는, 인간은 이성을 소유해야 하고 "정상"(normal) 지능을 가지고 있는 것으로 보아야 한다는 전제에 철저히 기반하고 한다.

인간 행동의 가치와 옳고 그름을 다루는 학문인 윤리학에서는 도덕적 고려 대상이 된다는 것을 대체로 개인의 정신 능력(mental faculties)에 달린 것으로 보았다. 예를 들면, Immanual Kant 임마누엘 칸트(1785/1983)의 의무론(deontology)(도덕적 의무에 근거한 윤리학)은 인간이 도덕적 딜레마에 감정적이기보다는 이성적으로 대응할 수 있는 온전한 권한을 가지도록 요구한다. 사랑, 우정, 행복 및 공감의 경험들은 기껏해야 도덕적 의사결정의 긍정적 부작용이다. 그러나 칸트 의무론의 적극적 도덕적 참여(active moral engagement)는 장애를 가진 사람들이 도덕적 선을 판단하는 데 있어서 이성을 사용하지 못한다고 여겨지기 때문에 그들을 배제시킨다. 덜 이성적이라고 여겨지는 사람은 기껏해야 다른 사람의 윤리적 행동의 수동적인 수용자가 될 수 있겠지만, 도덕적 의사결정에 온전히 참여할 수는 없다. 칸트 의무론에서는 정서 지능, 공감 또는 심지어 사랑마저도 도덕적으로 선한 사람(즉, 선한 의지를 가진)의 자격으로는 부족하다.

몇몇 철학자는 도덕적 "행위자"(agents)와 도덕적 행위의 "대상자"(patients)를 구분한다(Regan, 2004). 도덕적 행위자란 도덕적 숙고를 하고, 자신의 도덕적 사고와 가치에 따라 행동할 수 있는 힘이 있는 사람을 가리킨다: "Kant칸트에게 도덕적 행위자는 오직 그 자체로 목적으로 존재하고, 추상적이고 공정한 도덕적 원리를 그들의 의사결정에 적용할 능력이 있는 사람만이 존중받을 권리가 있다고 하였다"(Regan, 2004, p. xvii). 반면, 도덕적 행위 대상자는 "도덕적 행위자처럼 존중받을 동일한 권리를 가지지만"(Regan, 2004, p. xvii), 도덕적 숙고 능력은 부족하다고 여겨지기 때문에(이성에 대한 전통적 개념에 따르면) 도덕적 의사결정에 기여하는 그들의 능력은 개발되거나 독려되지 않는다.

의무론과 같은 맥락인 공리주의적 접근은 동일한 대우(equal treatment)를 촉진하지만, 도덕적 행위자는 최상의 결과를 얻기 위해 이성을 사용할 수 있는 사람들에게로 제한하곤 한다. 공리주의 윤리학자 John Stuart Mill존 스튜어트 밀(2002/1861)이 "배부른 돼지보다는 배고픈 Socrates소크라테스"가 되겠다고 한 것은 유명한데, 이는 Socrates소크라테스는 이성적이었고 돼지는 그렇지 않았기 때문이었다. 도덕적이기 위해서 이성적이기를 요구한다면, 인지적 손상이 없는 사람들만이 도덕적 행위자가 될 수 있다. 인지적 제한성이 있는 사람들은 도덕적 행위의 대상으로 구분될 것이고, 도덕적 행위자의 영향을 받을 것이다. 어떤 경우에는, 전형적인 지적 능력이 부족한 사람들은 그들의 이해관계가 다른 사람들과 충돌하는 것처럼 보일 때엔 도덕적 행위의 대상자조차도 되지 못하기도 하는데, 이는 추후 뒷장에서 볼 수 있을 것이다.

감정이나 공감과 같은 인간의 다양한 특성과 능력을 더 잘 통합하는 도덕적 체계(예를 들면, 돌봄 윤리, 실용 윤리, 불교 윤리, 유교 윤리 그리고 심지어 Aristotle아리스토텔레스의 덕 이론, virtue theory)도 있다는 것을 유념해야 한다(Keith & Keith, 2013). 이러한 이론은 자신에 대한 관계적·맥락적 관점에 기초한다. 관계적 이론 몇 가지는 추후에 보다 더 통합적이고 다양한 새 도덕적 공동체에 대한 논의에서 살펴볼 것이다.

눈에서 멀어지면 마음에서도 멀어진다

Édouard Séguin 에두아르 세갱(1866/1907)의 『Idiocy: And its Treatment by the Physiological Method』(백치: 생리학적 방법에 의한 처치)의 책 서론에서, 그는 "교육에 대한 모든 사람의 권리를 인정하는⋯⋯." 그리고 "모든 나라는 백치를 위한 학교들을 만들기를 격려하였다"(p. 9). 같은 책 뒷부분에서 Séguin 세갱은 "대부분의 "백치"(지적장애인)는 생리학적 교육 방법(physiological method of education)으로 그들의 장애가 거의 완벽하게 완화될 수 있다."라고

주장하였다(p.57). 신체적 활동과 감각에 대한 교육은 학습에 필수적이라는 그의 신념에 기초해서, Séguin 세갱(예: 1846)은 학생들이 학습 과정에 활발히 참여할 것을 옹호하였다. 초기 시설(institution) 장들은 Séguin 세갱의 관점을 공유하며, 훈련에서 성공을 보고하고 그들의 시설들이 수용소(asylum)가 되지 않아야 한다는 것을 주장하였다(Wolfensberger, 1975). 예를 들면, Samuel Gridley Howe 사무엘 그리들리 하우는 그러한 시설에서 행해진 과업의 가치에 대해 1852년에 "누군가가 마치 농업용 저울로 다이아몬드의 무게를 재는 것과 같다."[역자주: 장애인 교육의 가치를 섬세하게 측정하기 어려움과 실제 장애인 교육의 성과를 사회가 잘 인정하지 않는 사태를 비유함]라고 썼다(Richards, 1909, p.219).

분리와 시설의 증가

그러나 학교들로 시작한 시설들이 수용소가 되어가는 것은 그렇게 긴 시간이 소요되지 않았다. 이러한 시설들은 숫자와 크기 모두 크게 증가하였고, 1880년대에 이르러서는 지적장애의 출현율이 증가하였고 다른 사회적 문제들과 연결되었다고 여겨진다. 1870년과 1880년 사이에, 지적장애를 가진 것으로 판별된 사람들의 비율은 미국의 모든 지역에서 두 배 이상이 되었다(Gorwitz, 1974). 역설적으로 출현율에서 지각된 증가의 일정 부분은 지적장애인의 증가된 수치를 보고하는 인구조사 담당자가 받게 되는 인센티브에 기인하였던 것이다. 지적장애라는 사회적 구조(social construction)는 시작되었고(예: Trent, 1994) 그리고 시설수용화된 인구는 급증하였다. 1900년이 되어서는 미국의 시설들은 거의 12,000명의 지적장애인을 수용하였다(Kuhlmann, 1940); 주립 시설들의 숫자는 1926년에 이르러서는 55,466개에 이르렀고(Lakin, 1979), 그리고 1967년엔 195,000개로 최고점이 되었다(Lakin et al., 1989). 뉴욕주 하나만에서 세계 2차대전의 시작 시점에 16,000개에 이르렀고; 1960년대에는 윌로우브룩 주립 시설(Willowbrook State School)[역자주: 이 시대 시설의 이름에는 State School이 자주 붙여졌음]이라는 한 시설이 6,000명 이상의 사람을 수용하였다(Goode, Hill, Reiss, & Bronston, 2013).

19세기 후반에 시설들이 증가하면서, 지적장애는 유전적이라는 것; 그것은 청소년 비행, 범죄, 불법 및 다른 추정되는 사회적 및 도덕적 결손의 뿌리라고 자주 믿어져 왔고; 그리고 지적장애의 출현율은 급격히 상승하였다(Fernald, 1915; Wolfensberger, 1975). 이러한 관점은 더 광범위한 사회에 대해 하나의 예방적 조치로서 분리된 시설들의 계속되는 개발에 대한 열심을 부채질하였다. 1909년에 쓰인 글에 의하면 서부 펜실베이니아 정신박약인 주시설(State Institution for Feeble-Minded of Western Pennsylvania)의 시설장인, J. M. Murdoch머독은 "정신적 결함자에 대한 세심한 진단과 격리는 —40일이 아닌 평생이라는 것은— 더 많은 고통, 빈곤, 퇴화 및 범죄를 예방하는 것이며, 인간의 힘 안에서 우리 인종의 개량을 위해 다른 어떤 조치보다 더 많은 것을 한다."(p.64)라고 말하였다.

Murdoch 머독은 "정신박약(feeble-minded)으로 판명된 사람들은 떨어져 있어야 한다는 것을 계속해서 제안하였다"(p.66). 그의 동료였던, 뉴욕 장관인 Franklin Kirkbride 플랜클린 커크브라이드(1909)는 "……정신박약인과 간질 환자가 사회로부터 분리되어야 하는 것은 필수적이다"(p.87). Barr 바르(1899)는 "집단거주지"(콜로니, colonies)를 구상하였는데, "……거의 자급자족이 가능한 곳으로, 지역 전체에 흩어져서 설립될 수 있는 것으로" 구상하였다(p.212). 그는 진보를 위한 "길을 열" 시간이 다가왔고, 이러한 "무책임한 사람들"을 사회로 복귀시키는 것은 시설들이 해낸 좋은 과업들을 무효로 만드는 것이라고 주장하였다(p.211).

곧 Barr 바르(1902b)는 그의 동료들에게 그들이 돌보는 사람들을 시설 외부의 세상에 복귀시키는 희망은 포기할 것을 조언하였고, 그럼으로써 "이런 치명적인 요소들"로부터 사회를 보호하는 것이라고 했다"(p.6). Barr 바르는 일종의 국가차원의 시설은 자생적으로 지속하는 "무책임자의 천국"(p.8)이 될 수 있다고 옹호하였다. 총체적 시설수용화(total institutionalization)를 향한 운동은 잘 진행되었고(Trent, 1994), 결국에는 개인들을 그들의 가족들로부터 멀리 떨어진 시설들에 장기간 배치하고 그들이 그곳을 떠나감의 가장 평범한 형태는 보통 죽음이었다(예: Wolfensberger, 2002b). 눈에서 멀어진 것이 마음에서 멀어진 경우의 사람들이 정말 있었다. 그들 중 많은 사람의 경우, Blatt 블랫(1999a, p.14)은 그들의 장례식은 "죽음과 함께 오지 않고 생전에 왔다. 그들에게 있어서 삶은 끔찍한 복

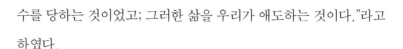

수를 당하는 것이었고; 그러한 삶을 우리가 애도하는 것이다."라고
하였다.

이민과 우생학 운동

"우생학"은 1883년에 Francis Galton프란시스 골턴에 의해 만들어진
용어로(Aubert-Marston, 2009), 통제된 출산을 통해 인구의 개량을
의미하게 되었다. Galton골턴은 정신적 및 신체적으로 우월한 인간
을 양육하는 목적을 가진 "적극적 우생학"(positive eugenics)을 옹호
하였다. 그러나, 우생학이란 신조어의 다른 측면은 추정적으로 유
전되는 사회적으로 바람직하지 않은 특성을 제거하는 데에 목적이
있었다(Goode et al., 2013). "소극적 우생학"(negative eugenics)의 목
적과 일관되게, Barr바르(1902a)는 정신적 결손이 있는 사람의 생식
을 동물의 것과 비유를 했고, 무책임한 천치(imbeciles)의 재생산이
"우리의 양과 소와 짐을 나르는 짐승"(p.163)의 재생산과 같은 규
제의 대상이 아님을 개탄하였다. 10년 후에, 8개 주들(states)에서
지적장애인을 포함하여 특정 집단의 사람들에 대한 수술적 단종
을 인가하거나 요구하는 법들을 채택하였고 그것이 수천 명을 대
상으로 시행되었다(Van Wagenen, 1914). 인디애나주에서 1907년
에 최초 단종법이 통과되었기는 하지만, 시설의 "수용자들"의 단종
을 시행하는 법을 1909년에 통과시킨 캘리포니아주는 우생학의 온
상이 되었다(Stern, 2005). 1920년대 후반이 되어서는, 캘리포니아

주 하나에서만 대략 6,000명의 지적장애인이 불임수술을 받았다 (Wehmeyer, 2003). 1930년대에 이르러서는, 미국 주들의 대부분과 캐나다의 여러 지역이 지적장애인의 불임을 인가하는 법을 채택하였으며(Spiro, 2009), 몇몇 주들은 20세기 중반 이후까지 그 법이 여전히 유효하였다(예: Harper, 2002; Wolfensberger, 2002b).

이 시대의 다른 리더들과 같이 Barr 바르(1899)와 Murdoch 머독(1909)은 지적장애인들을 고립시키기를 원했는데 그들의 기대되는 범죄적 혹은 비행 행동을 예방하기 위해서뿐 아니라 그들이 자녀를 낳지 않는 것을 확실히 하기 위해서였다. 또한 그 시대의 심리학자 Henry Goddard 헨리 고다드(1912, 1913a, 1914)는 정신적 결손은 정말로 유전적이라고 믿었다. 그의 거짓된 Kallikak 칼리칵 가족에 대한 악명높은 가계도 보고서에서, Goddard 고다드(1912)는 "정신박약 술집 여성" 혹은 "좋은 가정"의 퀘이커(Quaker) 여성으로부터 내려오든 간에, 가계도의 분기들(branches) 사이에 차이는 유전적으로 물려받은 것을 보여 주기 위한 것으로 알려졌다. 더 최근에는 물론, Goddard 고다드의 분석은 신빙성이 없어졌다(예: Elks, 2005; Gould, 1981; Greenwood, 2009). 그러나 그의 영향은 지대했었다. 미국으로 오는 많은 이민에 대해서, 국회는 지적장애 혹은 정신질환을 가진 사람들("백치, idiots"와 "미치광이, lunatics"로 불리는; Reed, 1913)의 이민을 제한하는 법률을 제정하였다. Goddard 고다드는 엘리스섬에 도착하는 이민자들을 선별하기 위한 노력에 착수하였다. 누군가의 외모를 통해 잠재적 정신적 결손을 감지하기 위해 그들의 추정되는 "능력"에 기초하여, Goddard고다드와 그의 조력자들은 선별을 통해 사람들을 선정하였다(Hunt, 1994). Goddard고다드는 사람들을 검사하는 데 있어서 언어와 문화를 고려하는 것 없이 열성으로 이 일에 접근했는데, 그는 어떤 집단(예: 이탈리아 사람, 유대인, 헝가리 사람, 러시아 사람)의 거의 80퍼센트를 "정신적 결손이 있는 자"(mentally deficient)로 표찰하였다(Goddard, 1917). 따라서, 이 집단들의 강제 출국은 1913년과 1914년에 뚜렷하게 증가하였다(Hunt, 1994). 전반적으로, Goddard고다드는 모든 이민자의 거의 반이 "정신적 결손"이 있는 것으로 믿었다.

지능의 유전적 성격과 여러 민족 집단에 그것의 만연함에 대해 믿는 것은 Goddard고다드가 유일한 사람은 아니었다. 20세기 초반에 가장 유명한 심리학자들 중 한 명인, Lewis Terman루이스 터먼(1916)은 어떤 인종적 및 민족 집단들("혹인, Negroes", 멕시코 사람, 미국의 남서부의 스페인-인도 사람)은 유전적으로 지적으로 열등하다고 강력하게 믿었다. Terman터먼은 또한 "……우생학적 관점에서 그들은 유난히 다산을 하기 때문에 중대한 문제를 나타낸다."(p.92)라고 생각하였다. 이러한 시각들은 지적장애인의 분리뿐만 아니라 단종에도 기여하였다. 지적장애의 모든 사례가 유전적이라고 믿는 Goddard고다드(1913b)는 지적장애를 가진 여성은 한 어머니가 되어서는 안 된다고 주장하였다.

Galton골턴의 1869년 책, 『Hereditary Genuis』(유전적 천재)에서 Galton골턴이 선택적 출산을 옹호하는 것에서부터 대법관

Oliver Wendell Holmes올리버 웬델 홈즈의 잘못 인식된 주장인 "천치 (imbeciles)는 3세대로 족하다."(Buck v. Bell, 1927)까지, 20세기의 강제불임법까지, 우생학 운동의 유산은 지적장애인 대우의 역사에 슬픈 흔적이다. 비록 이 운동이 나치의 잔혹 행위 때문에 평판이 크게 나빠졌음에도 불구하고, 세계 2차대전으로 향하는 몇 년 동안 미국 조직들(예: Rockefeller Foundation, Carnegie Institution, IBM)은 독일연구자들에게 자금과 기술적 지원을 제공하면서 협조하였다. 나아가, 미국에서, 미국의학협회 학술지(Journal of the American Medical Association)는 독일 우생학자 Ernst Rübin언스트 루빈의 연구를 보고하였다(Citizens Commission on Human Rights, 2018). 우생학 뉴스(Eugenical News)는 Adolf Hitler아돌프 히틀러의 우생학에 대한 관점을 칭찬하는 글을 출판하였다. 1932년에 뉴욕시는 우생학 국제학술대회(International Congress of Eugenics)를 주최하였다(Black, 2012). 국가 사회주의 독일노동당(Nazi party)은 우생학의 가치를 확실히 믿는 사람들이었고, 그것은 물론 단종과 무수한 사람의 궁극적인 몰살에 한 역할을 하였다.

다른 사람을 위한 의사결정의 윤리

우리의 기록된 역사는 사람들이 지적장애인의 삶, 교육, 건강관리, 삶의 질 및 삶의 마지막(end of life)에 대한 결정을 하는 많은 예를 포함하고 있다. 교육, 건강관리, 직업 훈련 혹은 주택 마련과 더 많은 것 등에 대한 이러한 결정의 모든 것은 지적장애인을 포함하여 모든 사람의 삶의 방식에 근본적인 것이다. 삶과 죽음과 같은 결정을 하는 방식은 중요하며, 아마 모든 것 중 가장 근본적인 질문은 누가 이러한 결정들을 내려야 하는가일 것이다.

장애를 가진 신생아

윤리학의 많은 관점, 그것들이 다양성과 평등성을 얼마나 강조하든 간에, 사람들을 사고하는 능력(capacity to reason)에 의해 범주화하는 불안한 뿌리를 가지고 있다. 기껏해야, 대부분 철학자와 윤리학자들은 장애를 가진 사람들을 도덕적 대상자(moral patients)로 보고, 돌봄을 받아야 하고 그러나 심지어 그들 자신의 이익에 관련된 것일 때조차도 윤리적 결정을 내리는 데에는 참여하지 않는 것으로 간주하였다. 이성과 전통적인 지능에 강력한 초점을 두는 것의 부가적 후속결과는 지적장애인들이 그들의 비장애 동료들과 비교해 더 낮은 삶의 질을 가졌다는 추정을 하고, 그것은 많은 사람들로 하여금 지적장애를 가진 삶은 살 가치가 없는 것으로 믿게 이끌었다.

한 개인의 삶의 질을 삶의 이상적인 버전과 비교하여 측정하려고 하는 한 관점은 임신을 종료시키고(Stangle, 2010), 영아를 안락사시키고, 장애를 가진 더 나이 든 아동의 생명을 끝내는 것(Soy, 2018)과 관련된 결정들에 가장 확실히 영향을 미친다. 때때로 문제가 되는 장애가 부모나 의사들이 기대하는 것만큼 심각하게 삶의 질을 경감시키지 않을 때조차도, 능력 있음(being abled)의 다양한 존재 방식에 대한 무시는 장애에 대해 광범위하게 수용되는 반응의 하나로서 선택적 낙태로 이끌었다(Stangle, 2010). 심지어 어떤 윤리학자들은 장애를 가지고 태어나는 아기들에게 일종의 도덕적으로 적합한 반응으로서 영아 안락사를 요청하기도 하며(Kuhse & Singer, 1985; Smoker, 2003), 이러한 한 실제(a practice)는 법적으로 점점 더 허용되고 있다(Nuwer, 2014; Voultsos & Chatzinikolaou, 2014). 장애를 가진 개인을 지원해야만 한다는 사회적 부담에 대한 문화적 믿음과 삶의 긍정적 질의 잠재력 대한 의문은 의사들, 철학자들 그리고 가족들로 하여금 장애를 가진 영아가 살아야 하나 혹은 죽어야 하나 여부에 대해 궁금하게 하였다. 문화적 혹은 정치적 믿음으로 인해 심지어 어떤 지역에서는 부모들이 장애를 가진 자녀를 죽이도록 압력을 받기도 한다(de Hilari, Condori, & Dearden, 2009; Soy, 2018).

잘못된 이분법: 개인의 삶의 질 대 가족의 삶의 질

안락사의 합법적 방법에 대해 더 많은 접근성이 생긴 것은, 누군가가 그 어떤 윤리적 접근을 하든 간에 상관없이, 삶의 질을 평가하는 데 있어서 더 용이함을 반드시 의미하지는 않는다(Jotkowitz & Glick, 2006; Kon, 2008; Voultsos & Chatzinikolaou, 2014). 1985년

에 Helga Kuhse헬가 쿠세와 Peter Singer피터 싱어는 그들의 유명한 책,
『Should the Baby Live』(그 아기는 살아야 할까)에서, 장애를 가진 한
아이가 긍정적인 삶의 질을 즐길 잠재적 능력을 가진 것으로 결정
된 때조차도, 그 아이의 실재를 연장하는 것은 가족의 최선의 이익
이 아닐 수 있다고; 그러므로 그들은 "우리는 무엇을 선택해야 하
는가: 가족 혹은 아동?"을 질문하였다. Kuhse쿠세와 Singer싱어는 아
동과 가족의 이익을 가끔 상충되는 것처럼 계산했지만, 그 이익에
대한 지각이란 단지 가족과 의사들이 가지고 있는 정보와 이 세상
에 존재하는 다양한 방식을 기꺼이 상상할 의향만큼의 수준에서
이루어진다. 어떤 비평가들은 Kuhse쿠세와 Singer싱어는 가동할 준
비가 되어있는 다른 지원들과 함께, 아동과 가족 양쪽의 삶의 질은
개선될 수 있거나(예: Kittay, 2010) 혹은 지적장애를 가진 어떤 사람
들은 전형적으로 능력 있는 많은 사람보다 훨씬 더 나은 삶의 질을
실제로 즐긴다는 것(Wong, 2000)을 고려하는 것에서 실패함으로써
잘못된 딜레마를 제기하였다고 주장했다. Alxander Kon알렉산더 콘
(2008)은 다음과 같이 기록하였다.

심각한 장애(예: 사지마비)를 가지고는 살기를 결코 원하지
않는다고 믿었던 많은 사람이 나중에 장애를 가진 삶의 현
실과 직면하였을 때, 그들은 그들의 삶이 충족감을 주고 매
우 살 가치가 있다고 믿게 된다. 나아가, 연구들에서는 가까
운 가족 구성들과 배우자조차도 환자들의 삶의 마지막 선택

에 대해 잘못된 판단을 한다고 보고된다(p. 28).

다른 사람에 대한 관점을 취하는 데 이러한 무능함은 한 영아에 대한 관점으로부터 미래 삶의 질을 상상하고자 할 때 더욱 혼란스럽다. Micah Hester 미카 헤스터(2010)는 안락사라는 되돌이킬 수 없는 행위를 통해 고통을 완화하는 것보다, 우리는 한 영아의 현재 혹은 미래 안녕에 무엇이 최선인지를 완전하게 알 수가 없다는 사실과 "완화 돌봄(palliative care)이 의사결정에서 융통성을 허용한다."라는 것을 인정하는 완화 돌봄에 더 많은 자원을 투입하는 것을 제안하였다(p.150).

Hester 헤스터(2001)가 보고하였듯이, 우리는 선택적 낙태 혹은 안락사에 대해 의사결정을 할 때, 장애를 가진 삶이 살 가치가 있는지 여부에 대해 우리 자신의 편견을 예외 없이 부과한다. 그러한 삶을 살기를 원하는 사람은 없다는 관점은, Hester 헤스터가 썼듯이, 장애를 가지고 사는 사람들에게는 상당히 실례가 되는 것이다. 비슷하게 Rebecca Stangl 레베카 스탱글(2010)은 대용의 경우들에서(즉, 나중에 "건강한" 아기의 출생을 허용하기 위해 장애의 경우에 임신을 종료하는 것)는 선택적 낙태는 장애인에 대해 분명히 무례한 것이다.

지적장애와 사형제도

성인으로서, 지적장애인들은 생명을 위협하는 정책과 실제들

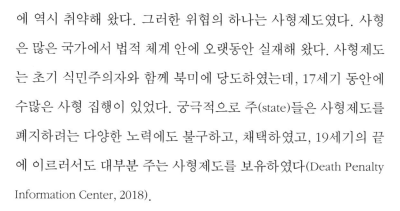

에 역시 취약해 왔다. 그러한 위협의 하나는 사형제도였다. 사형
은 많은 국가에서 법적 체계 안에 오랫동안 실재해 왔다. 사형제도
는 초기 식민주의자와 함께 북미에 당도하였는데, 17세기 동안에
수많은 사형 집행이 있었다. 궁극적으로 주(state)들은 사형제도를
폐지하려는 다양한 노력에도 불구하고, 채택하였고, 19세기의 끝
에 이르러서도 대부분 주는 사형제도를 보유하였다(Death Penalty
Information Center, 2018).

　지적장애를 가진 사람들은 일반적으로 선량한 시민이다. 그러나
그들이 형사사법제도와 접촉을 가질 때에 그들은 취약할 수 있고,
희생화(victimization)(예: Jones, 2007)가 되기 쉬운 상황이 될 수 있
다. 최근에, 사형제도를 적용하는 주들은 현저하게 감소하였다. 그
러나 형사사법제도에 더 광범위하게 연루된 다른 사람들과 같이,
집행이 된 사람들 중에 불균형적 수치가 지적장애를 가진 사람들
이다(Fair Punishment Project, 2016).

　다른 서방 국가들보다 뒤처진 후, 미국은 2002년 대법원의 앳
킨스 대 버지니아(Atkins vs. Virginia) 판결에 힘입어, 지적장애인의
사형을 금지하였다(French, 2005). 대법원의 견해에 의하면, 사형
은 잔인하고 이례적인 형벌을 금지하는 미국 수정헌법 제8조(the
Eight Amendment)에 위배되는 것이다. 그러나, 바로 13년 전, 대법
원은 펜리 대 리노(Penry v. Lynaugh)에서, 사형집행을 반대할 국가
차원의 법률적 합의가 없다는 것을 주장하면서, 지적장애를 가진
한 남성에 대해 사형 금지를 한 것을 거부하였다(Libell, 2007). 미국

인들의 3분의 2가 지적장애인의 사형 집행을 반대했음을 제안하는 여론조사 데이터가 있음에도 불구하고 이것은 사실이었다(Keyes & Edwards, 1997). Atkins 앳킨스 판례를 결정하는 데 있어서, 대법원은 "정신지체"를 정의하지 않기로 선택하면서, 그 대신 개별 주들에게 그 과제를—주 법원들에 절차적 지침들을 제공하는 것 없이 사형집행금지를 명령하는 한 상황—남겼다(예: Appelbaum, 2009; Widroff & Watson, 2008). 그래서, 대법원은 지적장애를 가진 사람들은 사형이 집행되어서는 안 되는데, 그러나 주들에게 누가 지적장애를 가진 사람인가에 대해 결정할 것을 남겼다. 한 결과는 지적장애를 나타내는 점수 수준이 시간이 경과함에 따라 바뀌었고(예: Beirne-Smith, Patton, & Ittenbach, 1994), 심리학자들이 지능지수 점수의 적절한 보고와 해석에 대해 동의하지 않음에도 불구하고(예: Hagan, Drogin, & Guilmette, 2010 참조), 지능검사 점수에 과도한 의존성이 생긴 것이다(Foley, 2015).

안타깝게도, 법률 집행을 다루는 데 있어서 암시 혹은 강요(Salekin & Everington, 2015)에 대한 잠재적 취약성, 허위 자백(Perske, 2008) 그리고 오해의 오랜 역사, 고정관념화 그리고 법원에 의한 방치의 오랜 역사에 직면하여, 지적장애를 가진 일부 사람들의 유산은 왜곡되거나 잊힌다. 지적장애를 가진 피고인들의 문화적 배경에는 거의 관심이 주어지지 않으며(Ruth, 2015), 배심원들은 지적장애 관련성에 대해 때때로 혼동될 수 있다(Keyer & Edwards, 1977). 그리고 만약 면죄(무죄판결)에 대해 생각이 든다고 하더라

도, 그것은 사람을 집행하고 오랜 시간 후에 그 생각이 들 수 있고,
그 사람은 지적장애를 가진 것뿐 아니라 어떠한 법도 위배하지 않
았을 수 있다(예: Greenspan, 2011). 물론 우리는 지적장애를 가진
사람들이 얼마나 많이 적절한 평가나 혹은 법정 대리 없이 그리고
그들의 장애에 대한 인정 없이, 재판되고, 유죄를 선고받고 집행되
었는지 알 수 없을 것이다. 역사에서 잊힌, 그들은 너무도 자주 죽
음에서도 이름이 없어 왔다.

2장의 마무리

이 장은 인간 조건에 대한 관점들과 지적장애인들이 역사적으
로 어떻게 비인간화되었는지를 살펴보았다. 지적장애인에 대한 그
러한 대우는 강력한 함축성을 가진다. 개인 차원에서뿐 아니라 문
화 차원에서 그러하다. 그것이 사실이라면, 많은 저자와 리더가 가
장 취약한 시민들에 대한 대우로 한 문명을 판단해야 한다고 주장
하였듯이, 지적장애인을 위한 공정하고 인도적인 정책들과 실제를
확실히 하는 것은 모든 시민의 관심 안에 있다.

분리, 지능검사의 오용, 표찰 그리고 지적장애인의 삶의 본질과
삶의 질에 대한 잘못된 추정은 다른 사람을 위해 중요한 삶의 결정
들을 해야 하는 많은 가족과 개인들에게 불필요한 비탄을 가져왔
다. 그 결정이란 출생 순간(혹은 그 전)에서부터 삶의 마지막 결정

까지 문자 그대로, 삶과 죽음에 관련된 결정들을 포함한다. 다음 장에서는 지적장애인이 어떻게 죽고 그들의 죽음은 어떻게 주목되는지를 살펴볼 것이다.

제**3**장

이름 없는 죽음

최근 미국에서, 지적장애인은 좋은 삶의 질을 가질 권리를 가지고 비장애인들과 동일한 시민권을 가진 존재로 점점 더 인식되고 있다(Todd & Read, 2009). 그러나, 너무나 오랫동안, 지적장애인들은 고립되고, 표지가 없는 묘지 혹은 사람의 이름이 없는 어딘가 무덤(수용시설의 지면과 같은 곳에)에 내 놓이게 되었다. 지적장애인에 대한 지각된 가치를 아는 추가적 방식은 그들의 죽음을 대하는 실제들과 관점들에서 찾아질 수 있다.

저명한 철학자들과 생물학자들은 장애를 가진 영아들이 죽도록 허용하는 것이 윤리적인 것에 가장 가까운 것일 수 있다고 때때로 주장한다. 병원들은 죽어 가는 환자들의 문화적인 전통에 부합하지 않은 정책들을 강제하고 절차들을 실행하기도 한다. 오랫동안 어떤 문화에서는 장애를 가진 사람들을 고립시키고, 표지가 없는 묘지들에 방치하였다. 지적장애인의 요구에 부응하는 목적을 가진 시설들은 묻힌 사람들의 이름을 가지고 있지 않는 무덤들이 있는 묘지들을 오랫동안 유지해 왔다.

많은 지적장애인은 만족스러운 삶을 살며, 많은 경우에서 그들의 가족들과 친구들에게 영감을 준다. 그러나 많은 사람은 그들의 지역사회에서 아웃사이더(outsiders), 안 알려진 혹은 수용이 안 되는 사람으로서 계속해서 살고 또 죽는다. 이 장은 지적장애를 가진 사람들이 죽음에서 대우를 받아 왔던 몇몇 방식 그리고 그들의 삶에 대해 지역사회가 부여하여 왔던 의미에 대해 논의할 것이다.

무명인의 무덤

홀로코스트와 지적장애인의 죽음

1934년과 1939년 사이에, 300,000명 이상의 독일인이, 특별히 정신적 혹은 신체적 장애를 가진 사람이, 유전적 질병의 자손예방법(Law for the Prevention of Progeny with Hereditary Diseases)에 의거하여 불임수술을 받았다(Grue, 2009; Holocaust Educational Trust, n.d.). 그리고, 1939년에, 심한 유전적 질병의 과학적 등록을 위한 라이히 위원회(Reich Committee for the Scientific Registration of Severe Hereditary Ailments, Reich Committee)는 모든 "기형"의 신생아와 유아는 등록을 할 것에 대한 법령을 내렸다. 이 명령에 해당하는 경우는 다운증후군, 수두증, 뇌성마비 및 다른 신경학적 이상을 지닌 유아였다. 그들의 기록은 베를린에서 의료진 패널에 의해 검토되었는데, 그들은 아동을 직접 보지도 않고 어떤 아동이 죽어야 혹은 살아야 할지를 문서에 표시하였다. 죽음으로 선택된 아동들은 보통 부모의 동의 없이 병원의, 아동의 죽음 병동(killing ward)에 보내졌다. 부모들은 나중에 그들의 자녀의 죽음에 대해 알리는 인쇄된 편지를 받았다. 이러한 방식으로, 수천 명의 아동이 집과 가족들과 멀리 떨어져서, 무명으로 죽었다(Evans, 2004).

라이히 위원회는 서면으로만 존재했었고; 그것은 퓌러 집무실

(Chancellery of the Führer) 활동에 대한 가짜 이름이었다. 아동의 등록을 요구한 법령은 과학적 정보에 대한 요청으로서 위장된 것이었다(Friedlander, 1995). 죽음 병동의 아동들은 굶어서 혹은 치사량의 약을 먹고 죽었다(DiConsiglio, 2015). 나치(Nazi) 의사들은 그 아동들이 결코 인간이 될 수 없다는 (의사의 판단에서) 사실을 고려하면, 아동과 그 가족들은 도움을 받아 왔던 것이라고 주장하였다(Parent & Shevell, 1998). 라이히 위원회는 부모 혹은 복지 기관들에 아동의 "처치"에 대해 비용을 지불할 것을 요청하였다(Friedlander, 1995). 나치 의사들은 아동들의 장기들을 대학, 연구소 및 기업들에 판매를 하면서 이득을 취하였다(Evans, 2004).

아동을 죽이는 프로그램은 끔찍했지만 그 규모는 T4 프로그램(베를린 Tiergartenstrasse 4 본부의 이름을 따서)에 비하면 아무것도 아닐 정도였다. T4 프로그램은 1939년 후반부에 Hitler히틀러에 의해 치료될 수 없는 것으로 간주되는 병을 가진 자에게 "자비로운 죽음"(mercy killing)을 제공하는 것으로 인가가 되었다. Hitler히틀러는 아동 살인 프로그램의 진척에 의해 고무되었고, 장애를 가진 성인을 몰살시킬 것을 결정하였다. 라이히 위원회는 수용시설들이 지적장애를 포함하여 환자들에 대한 정보를 보고할 것을 요구하였다(Friedlanders, 1995). 베른부르크(Bernburg), 브랜덴부르크(Brandenberg), 그라페넥(Grafeneck), 하다마르(Hadamar), 하트하임(Hartheim), 소넨슈타인(Sonnenstein)에 있는 살인 센터들(killing centers)에서, 나치는 적어도 100,000명의 장애인을 살해하였다

(Evans, 2004). 살인 센터에 도착한 사람들은 24시간 이내에 재로 변했고, 그들이 화장된 것은 무작위로 유골 항아리들에 담겼다. 그러한 항아리를 획득할 수 있었던 가정들은 그들이 받은 화장된 유골이 그들이 사랑하는 사람의 것이 아니었다는 것—대규모 화장에 의해 만들어진 유골 더미에서 단순히 나온 것이었다는 것을 알지를 못하였다(Friedlander, 1995). 소아과 살인 센터들에서 아동과 같이, 장애를 가진 성인들은 무명으로 죽었고 가족으로부터 고립되었다.

그러나 지적장애를 가진 사람을 처음에는 불임수술, 그 다음에는 안락사에 처하게 만든, 즉 지적장애인을 사회적 위협으로 바라보는 지각은 엄격히는 나치의 관점이라고만은 볼 수 없었다. 1930년대 말에 행해진 여론조사는 미국인 응답자의 거의 반이 장애를 가진 아기의 안락사를 지지하였던 것으로 나타났다(Noack & Fangeroa, 2007; Yount, 2000). 안락사 혹은 자비로운 살인의 실행은 불행하게도 과거의 한 사건이 아니다. 예를 들면, 네덜란드 의사들은 "견딜 수 없는 고통"을 견디는 사람들의 생명을 끝내는 것을 돕는다. 2017년에 대략 7,000명의 사람이 안락사되었다(Boffey, 2018). 그중 상당수가 신생아이었으며, 비록 장애를 가진 신생아가 안락사되는 연간 숫자가 초기 시기보다는 훨씬 작지만—100명에 15 혹은 20명(Verhagen & Sauer, 2005) 범위로 추정하며(Griffiths, Weyers, & Adams, 2008), 그 쟁점은 아주 그대로 살아 있다.

시설 묘지에 매장

20세기 중반까지만 해도, 지적장애인의 가족 구성원들은 지역
사회 지원이 거의 전체적으로 부족한 상황에 직면해 있었다(예:
Ferdinand & Marcus, 2002). 1965년에 지적장애를 가진 164,000명
이상의 미국인이 공공시설(public institutions)[역자주: 수용시설을 의
미함]에 살았는데(Butterfield, 1969), 각 기관이 평균 1,500명 이상
의 사람에게 거처를 제공하였다. 더 많은 지적장애인이 사립 시설
들에 살았는데, 그 시설들은 20세기 초에 그 숫자가 극적으로 증가
하였다(Trent, 1994). 그리고, 1950년대와 1960년대 초에는, 새로운
시설 입소자 중 많게는 3분의 1이 더 경한 수준(milder levels)의 손
상을 가진 지적장애인들이었다(Lakin, 1979). 그들은 적합한 훈련
및 지원과 함께 지역사회에서 생산적인 일을 할 수 있고 생활할 수
있는 사람들이었다(Menolascino, 1977).

시설들은 고립된 위치에 자주 세워졌고, 때때로 새로운 직장을
유치하기를 희망하는 지역사회들에 의해 기증된 대지에 세워졌다
(Wolfensberger, 1975). 예를 들면, 시라큐스 주립 시설(Syracuse State
School)이 된 시설은 뉴욕주 시라큐스시가 제공한 10 에이커[역자주:
1 에이커, acre는 약 4,050평방미터] 대지에서 그 시작을 했다(Goode,
Hill, Reiss, & Bronston, 2013). 초기의 관리자들은 자급자족하는 농장
공동체 혹은 낙동장, 정원, 농경지 및 과수원을 지원할 충분한 농장
대지를 가진 "집단거주지"(colonies)[역자주: 장애인 집단거주지]에 대

한 낭만적 인식을 가졌다. 그곳들은 초기 한 관리자에 의하면 "단순한 사람들의 마을"(villages of the simple)이 되는 곳으로 생각되었다(Johnson, 1899, p.472). 많은 시설의 위치의 관점에서 보면, 많은 개인이 그들의 가족과 거의 접촉이 없는 것(Trent, 1994; Wolfensberger, 2002) 혹은 거기서 일하는 직원들도 시설 수용된 거주자들만큼 고립되었던 것(Wolfensberger, 1975)이 놀랄 일이 아니다.

시설들은 1960년대까지 꾸준히 증가하였고, 규모가 극적으로 증대되었고 그곳에 사는 사람들에 대한 비인간적 대우의 가능성도 증가하였다. 비인간화에 대한 증가된 잠재성은 그 기관들의 비하하는 이름들, "정신박약" "백치" "천치"라는 용어의 사용에서 보여지는 영속되는 태도들에 의해 더 심각해졌다. 초만원으로 과밀해지는 것은 평범한 일이 되었고, 울타리와 가시철사가 있었고, 생활 공간은 때때로 문이 잠겨져 있고 창문에 빗장이 쳐져 있었다(예: Blatt & Kaplan, 1966). 몇몇 기관들에서 죽음은 고통의 경감을 가져왔던 것이 분명하다. 비록 그것이 가족 혹은 친구들 없이, 혼자서 외롭게 죽는 것을 의미하였던 것이어도.

시설에서의 죽음은 문자 그대로 사람들이 이름 없이 죽게 되는 것을 때때로 의미하였다. 예를 들면, 19세기 초에 세워진 켄터키주의 동부주립병원(Eastern State Hospital) 묘지(적어도 4,000~5,000으로 추정되는 숫자)에서 단지 3개의 무덤만 묘비가 있었다(Find a Grave, 2018). 1984년 렉싱턴(Lexington)시에 의해 그것들이 발견되었을 때까지, 오랫동안 이 무덤들의 위치는 알려지지 않았다

(Abandoned, 2018). 최근 미시시피(Mississippi)에서, 대학 의료센터 캠퍼스 공사로 인해 1855년에 설립된 한 시설의 대략 7,000개로 추정되는 무덤이 발견되었다(Dockrill, 2017).

미네소타(Minnesota)에선, 지적장애인을 포함하여 다양한 취약한 사람들을 돌보는 주(state)시설에 거의 13,000명의 거주자가 이름 없는 무덤에 매장되었다. 다른 주들에선, 지적장애인을 위한 시설들은 이름이 아닌 번호들로 무덤을 표시하였고, 다른 곳에 명단을 기록하고 있었다. 이 방법은 매사추세츠(Massachusetts)(Sullivan, 2015), 버지니아(Virginia) (Smith, 1995), 그리고 네브래스카(Nebraska)에서 사용되었다. 장애 권리, 법 및 옹호 센터(Center for Disability Right, Law and Advocacy)(2007, p. 9)의 표현으로는 "……그들은 희망, 절망, 사랑 및 괴로움의 그들 삶의 이야기들과 함께 잊혀지게 되었고, 숫자로 표기된 무덤 묘석 아래 …… 이름 없는 죽음으로 묻혔다."

신원이 밝혀지지 않는 사람의 매장

다수의 주(states)의 옹호자들은 지적장애인의 매장 장소를 표기하거나 기념하는 노력을 취해왔다. 여러 주들 중 메사추세츠(Massachusetts)(Sullivan, 2015), 위스콘신(Wisconsin), 조지아(Georgia), 남캘리포니아(South Carolina), 오하이오(Ohio), 뉴욕 및 미네소타(Antlfingers, 2015)에서 이 일은 사실이었다. 그러나 어떤 경우에 주의 관계자들은, 심지어 오늘날에도, 지적장애인을 표기 없는 무덤(예: Reyes, 2017)에 매장한다. 주 관계자들은 극빈자 그리고 신원미상의 사람들을 위해 그러한 조치를 한다.

사회적 아웃사이더들(social outsiders)의 어떤 집단들을 고립된 장소에 매장하는 관례는 최근에 시작된 것은 아니다. 적어도 17세기 이래로, 아일랜드(Ireland)에 소위 아동의 매장지라고 불리는 곳은, 지적장애인을 포함하여 수많은 추방자 집단의 무덤의 장소가 되어 왔다(Murphy, 2011; Nolan, 2006). 이러한 실제의 기원은 교회 안에 있는 듯한데, 세례받지 않은 아동과 같이 이 집단들은 축성된 장소에 매장되는 사람들로부터 분리되어야만 하는 "타인"(others)을 대표하였고, 표기되지 않은 매장 땅은 킬린스(killeens)로 불렸다(아일랜드어로는 cillini: Garattini, 2007). 실리니(cillini)는 변두리 지역들에 자주 위치하게 되었고(Finlay, 2000), 그래서 "죽음에서조차, 이러한 이름 없는 개인들은 기존 지역사회로부터 떨어진 한 장소 이상으로는 획득할 수가 없었다"(Walsh, 2000, p. 315). 어떤 실리니는 가장 최근으로 20세기의 중반까지도 쓰이고 있는 것이었음에도 불구하고(Aldridge, 1969), 수많은 것들은 현대 시민들에게는 안 알려진 대로 남겨져 있다(예: Murphy, 2011; O'Sullivan & Sheehan, 1996). 교회와 정당한 사회에 의해, 실리니에 매장된 사람들의 주변화(marginalization)에도 불구하고, 그곳들은 가족들에게는 성스러운 장소였으며, 오늘날 지역사회들과 옹호자들은 그들의 유산을 지키기 위해 함께 일하고 있다(예: Hall, 2014).

프랑스 레메(Leyme)에 지적장애인을 위한 시설에 있는 묘지는 1,000개 무덤을 위한 공간을 가지고 1835년에 개장하였다. 이 묘지들이 다 찼을 때(1923년과 다시 1944년에), 유해들은 발굴되어 다른 장소로 이동되었고 더 많은 사체를 위한 자리가 마련되었다. 무덤들은 동일한 십자가들로 표시가 되었는데(죽은 자의 종교에 대한 고려 없이), 한 경우만이 이름을 가지고, 두 경우가 출생과 사망 날짜를 가지고 있었으며, 죽은 자에 대한 정보는 등록 명부에 있었다(Védie & Breathnach, 2005). 영국에서, 지적장애인을 위한 한 수용시설인, 이전 칼더스톤 시설(Calderstones Hospital)에 있는 묘지는 민간 개발업자에게 팔렸고 여러 번 소유가 변경되었다(Magee, 2012). 묘비는 치워졌고 이전 거주자들은 더 많은 개발을 두려워하였고, 칼더스톤에 매장된 친구들의 무덤을 파괴할 수 있어서 항의를 하였다(Norris, 2018).

다양한 문화에서 죽음의 개념화

죽음의 정의가 복잡하지 않은 일로 보임에도 불구하고, 의료 공동체 안에서조차, 사람들은 죽음을 결정하는 데 사용되는 기준에 대해 동의하지 않는다. 예를 들면, 죽음은 심장과 폐 기능의 멈춤으로 정의될 수 있거나, 죽음은 신경학적 기준에 의해 결정될 수 있다(President's Council on Bioethics, 2008). 뇌사는 상위 뇌 기능 영역인 대뇌피질에서 활동의 중단을 의미할 수 있다. 혹은 뇌사는 대뇌

피질과 호흡과 심장박동과 같은 기본 기능이 조절되는 피질과 뇌간 양쪽에서 활동이 중단된 것을 의미할 수 있다(Gire, 2014). 그러한 기준의 견지에서 죽음을 정의하는 것은, 물론 서양 생의학적 접근의 한 측면인데, 불가피하게, 뇌손상, 선천적 조건 혹은 다른 원인으로 인해 의식을 회복하거나 재개할 확률이 거의 없는 개인들의 경우에서 어려운 윤리적 결정으로 이어진다.

　다양한 문화에 걸쳐 연구하고 있는 연구자들이 지적장애인의 삶의 질에 관련된 쟁점들을 연구해 온 만큼(예: Keith & Schalock, 2016), 장애와 연관된 인간성에 대한 폄하된 의식이 특별히 극심할 수 있을 때 그들은 장애인에 대한 지각에서 문화의 역할도 논의해 왔다(Luborsky, 1994). 그들은 의사들이 지적장애인들을 그들의 장애 "때문에" 소생시키지 않은 것으로 보았다(Bingham, 2013). 영국에서 지적장애를 가진 환자들의 가족들은 의료인들이 그들을 적절하게 경청하지 않거나 소통하지 않는다고 생각하며, 지적장애를 가진 심각하게 아픈 사람들은 때때로 효과적인 의료적 처치를 덜 받고 그래서 다른 사람들보다 아주 높은 비율로 너무 일찍 사망하는 것을 연구들은 밝혔다(Heslop et al., 2013). 다른 연구들은 호주와 미국에 있는 지적장애인들은 질적으로 양호하지 않은 병원 경험을 하는 경향이 있음을 밝혔다(Ailey, Brown, & Ridge, 2017; Iacono et al., 2014). 만약 의사들이 잠재적으로 지적장애인들의 중요한 증상을 그들의 지적장애 탓으로 본다면, 그들은 신중하게 다루어지지 않는 것으로 밝혔다(Perry, 2018).

문화적 및 영성적 믿음뿐 아니라 언어적 장벽들이 진단과 처치의 이해에 영향을 미칠 수 있으며, 지적장애인을 향한 태도는 다양한 문화에 걸쳐서 다를 것이다(Scior, Kan, McLoughlin, & Sheridan, 2010). 유사하게, 죽음과 연관된 의식(rituals)은 또한 문화들에 걸쳐 다양하다. 비통을 밖으로 표현, 화장 혹은 매장에 대한 선호, 장례식까지 시체를 집(혹은 집 아닌 곳)에 두는 것, 몸에 옷을 입히는 것, 애도 기간에 손님을 받는 것, 혹은 몸을 성지를 향하도록 위치시키는 것과 같은 차원들에 대해 다양할 수 있다(Lobar, Youngblut, & Brooten, 2006). 비록 죽음이 아마도 언급되지 않음에도 불구하고, 서양 문화의 대부분 사람은 죽기 위해 병원에 가고 그리고 환자들은 의료 과학이 죽음의 가능성을 아마 극복할 것이라고 믿을 수도 있다(Parkes, Laungani, & Young, 1997).

불행하게도, 의료적 돌봄제공자들이 지배적 위치가 될 때, 그들은 자기 민족 중심적(ethnocentric)이 될 수 있으며 의사소통을 방해할 수 있고, 환자(및 가족)의 안녕과 수용에, 특히 죽음의 직면에서 중요할 수 있는 문화적 관점을 파악하는 데 실패한다(Putsch & Joyce, 1990). 어떤 문화적 집단들은 죽어 가는 혹은 죽음에 가까운 가족 구성원을 위한 존중과 지원을 보이기 위해 대규모 사람들의 모임을 주선할 수 있다(예: Moore, 2015; Northern Sydney Local Health District, 2015). 살아 있을 때와 같이 죽음의 시점에, 전문가들은 다양한 문화 출신인 사람들의 요구를 충족하기 위해 태도, 기술 및 지식으로 이루어진 문화적 역량(cultural competence)을 가지는 것이 결정적이다(Elphinstone, 2018; Lonner, 2013).

지적장애가 있든 없든 모든 사람은 다른 사람의 병환과 죽음에 다양하게 반응한다. 어떤 사람은 사랑하는 사람의 죽음에 회복탄력성이 있고 쉽게 이해할 수 있는데, 반면 다른 사람들은 특별한 지원을 필요로 할 것이다. 지원이 필요한 사람의 경우, 돌봄제공자들은 그들이 이 나쁜 뉴스를 들은 후에 적응해 가도록 돕기 위한 한 구조화된 계획을 필요로 할 것이다(Tuffrey-Wigne, 2013). 중도 지적장애를 가진 한 아동의 부모는 많은 지적장애인이 우리가 인식하는 것보다 죽음과 죽어 가는 과정의 쟁점에 대해 많은 것을 이해할 수 있다고 제안한다(Kittay, 2011).

죽음에 대한 지각과 관찰에서 문화적 차이에도 불구하고, 죽음의 경험은 모든 경계들을 가로질러 간다. Todd토드와 Read리드(2009)는 지적장애인들이 그들의 죽음 후에 어떻게 이해되는지에 대해 관련된 중요한 질문을 제기하였다. 그중에는 다음과 같은 것이 있다: 지적장애인이 그들의 죽음 후에 어떤 정체성을 가지는가? 한 사람의 지적장애는 죽음 후에 무엇이 되는가—그것은 그들의 유산의 일부인가? 지적장애는 그 개인이 살아있을 때 단지 분류하기 위해서 유용한 것인가? 지적장애의 영향이 생전에 중요하다면, 그것은 죽음에서 무슨 다른 점을 만드는지 우리는 왜 질문하지 않는가? 지적장애인들은 어떻게 기억되는가? 그들이 기억되는 방식에 그들은 어떻게 영향력을 미칠 수 있는가? 죽음은 어떻게 지적장애인의 사회적 값어치(worth)와 가치(value)를 밝힐 수 있는가? 이 질문들에 분명한 답이 아마 없을지라도, 지적장애인들은 죽음에 대해 말할 것이 많으며, 지적장애, 죽음 그리고 그들이 어떻게 기억되기를 원하는지 사이의 연관성에 대한 이야기는 그들이 지적장애를 가진 것은 무엇을 의미하는지를 명확히 하는 것을 도울 수 있다 (Todd & Read, 2009). 너무도 자주, Todd 토드와 Read 리드가 시사하듯이, 죽음은 삶의 잊혀진 한 측면일지 모른다.

3장의 마무리

사람들이 죽음에서 어떻게 대우받는지는 그들이 생전에 어떻게 바라봐졌는지를 반영한다. 우리는 이것을 홀로코스트에서 저가치화된 집단의 몰살에서 그리고 대규모 시설에서 지적장애인들에 의해 경험된 삶의 질에서, 뒤이어 가족과 집에서 멀리 떨어진 표시 없는 무덤에 매장된 것에서 보았다.

지적장애인의 죽음과 가치에 대한 관점에서 문화적 차이가 있음에도 불구하고, 죽음의 경험은 보편적이며, 지적장애인을 지원하는 돌봄제공자들은 그들 혹은 그들의 사랑하는 사람이 지적장애를 가지고 죽을 때 삶의 마지막에 질 높은 돌봄을 제공하기 위한 기술과 이해—문화적 역량이 필요하다. 지적장애인의 가족, 친구 및 지원자들은 죽음으로 제기되는 질문들—정체성, 개인적 가치 및 유산의 질문들을 직면할 필요가 있다. 다음 장에선 모든 사람이 가치

를 지니며 많은 지적장애인이 그들 자신의 삶에 대해 도덕적 의사
결정에서 보다 적극적 역할을 취할 수 있는 일종의 도덕적 공동체
의 개발 맥락에서 이러한 질문들을 탐구한다.

제 4 장

새로운 도덕적 공동체

하나의 사회적 구조(a social construction)로서 장애라는 아이디어는 새로운 것은 아니지만, 지적장애 분야에서 다수의 역사적 문헌은 수년 동안 장애를 개인의 특성(a trait)으로 바라보는 생의학적 관점에 초점을 맞춰 왔다. 장애(disorders), 증후군, 결함 및 핸디캡을 개인적 특성으로 바라보는 이 초점은 가끔 치료 기반의 접근을 옹호하는 집단과 비장애인들과 가능한 한 가장 근접한 환경에서 지원되는 지역사회 생활을 해야 한다고 주장하는 집단 간의 갈등을 일으키기도 했다. 이 갈등은 일부 철학자들로 하여금 다음의 딜레마를 맞닥뜨리게 하였다: 삶의 질 혹은 이성 능력(capacity for reason)이 너무 낮아서 처해 있는 삶을 사는 것보다 죽는 것이 나을 수도 있는 사람들이 있는가? 한편, 일부 다른 철학자들에게 장애는 그들이 알고 있던 것보다 더 큰 공감, 사랑 및 돌봄 능력을 이끌어 낸다.

이 장에서 우리는 인간이라는 존재(being human)에 포함된 자질들에 대한 상이한 윤리적 관점들의 가능성을 검토한다. 지적장애인과 도덕적으로 함께 할 수 있는 방법과 우리가 하는 선택들이 지적장애가 있는 사람들과 없는 사람들의 삶을 어떻게 바꿀 수 있는지에 대해 논의한다. 시인 John Donne존 던(1829)은 "누구든 그 자체로서 섬의 전체는 아니다."(No man is an island entire of itself)라고 하였다. 장애가 있든 없든 우리는 모두 연결되어 있다. 그러므로 우리는 우리의 공동의 인간성(common humanity)에 대해 숙고하고, 지적장애를 가진 사람들이 자기 자신을 옹호하고 사회에 완전히 참여하는 구성원이 될 수 있도록 지원하는 것이 마땅하다.

장애의 사회적 구조

지적장애와 오랫동안 연관되어 있었던 의료적 조건과 질환의 목록은 길고 방대하다(예: Menolascino & Egger, 1987 참조). 그러나 Jenkins 젠킨스(1998)는 "정신지체"(mental retardation)와 같은 표찰은 자연스럽거나 실제적인 것이 아니라고 주장했다. 그런데, 전 세계의 많은 지역 환경과는 관련성이 부족할 수 있는 문화적 구조(cultural constructs)를 가진 서양 의학과 심리학의 분류 체계에서는 예외였다. Rapley 레플리(2004, p.43)는 "장애"(disorder), "징후"(sign), "증상"(symptom), "증후군"(syndrome)과 같은 용어를 사용하는 것이 종종 용어들의 오용으로 이어지기도 하지만, 이러한 표찰이 붙은 사람들에 대한 전문적인 통제를 용이하게 한다는 점을 지적하였다. 안타깝게도 이러한 방식의 장애 진단은 장애를 가진 사람들과 가족들이 종종 실망과 좌절을 그리고 어쩌면 슬픔과 고통도 함께 직면한다는 메시지를 전한다(Reinders, 2000).

현재 지적장애로 알려진 조건의 표찰은 적어도 1324년, De Prerogativa Regis 법("왕의 특별법의"; Lunacy and Idiocy, 1951)에서 시작되었다. 수백 년에 걸쳐 현재 매우 공격적이라고 여겨지는 다양한 용어들이 사람들에게 지적장애를 표시하기 위해 사용되어 왔으며, "정신지체"의 오랜 사용과 21세기의 "지적장애"의 공식적인 출현으로 절정에 달했다(Wolfensberger, 2002a). 현재는 매우 모욕적이라고 여겨지는 다양한 용어들이 수십 년에 걸쳐 지적장애를 가진 사람들을 표찰하는 데 사용되었고, 이는 "정신지체"라는 용어의 오랜 사용, 21세기 "지적장애"라는 용어의 공식적 출현(Schalock et al., 2007) 그리고 다차원적 분류 체계(Schalock et al., 2010)로 이어졌다.

지적장애를 가진 사람들에게 붙는 표찰 변화의 흥미롭고도 중요한 측면은 그 사람들은 변한 것이 없는데 그 사람들에 대한 다양한 설명이 변한다는 사실이다. 표찰의 변화는 그 사람들의 삶에 중요한 방식으로 영향을 미칠 수 있다. 따라서 제1장에서 보았듯이, 미국의 분류 체계가 정신지체를 나타내는 데 사용되는 지능 지수, IQ 수준을 변경했을 때(Grossman, 1973), 개인들은 변하지 않았음에도 불구하고 많은 수의 사람이 더 이상 "정신지체"가 되지 않게 되었다[역자주: 정신지체를 정의하는 한 기준인 IQ 절사점이 평균 아래 표준편차1(대략 IQ 85) 미만에서 표준편차2(대략 IQ 70) 미만으로 변경]. 우리가 사람들을 특성화하기 위해 고안한 표찰과 분류는 그들의 삶의 서사와 이야기의 일부가 된다. 그리고 이야기(우리가 그 사람들의 삶을 묘사할 때 사용하는 언어)는 그들의 삶을 더 좋거나 나쁘게 만드는 중대한 변화를 가져올 수 있는 힘을 가지고 있다(예: Blatt, 1999b). Blatt블랫이 지적했듯이, 때때로 지적장애는 "한 큰 집단의 사람들에 대한 진실되지 않고 불필요한 이야기"이다(p. 86). 어떤 의미에서, 사람들은 그저 어떤 사람 혹은 어떤 권위 있는 사람이 장애가 있다고 하기 때문에 장애를 가지게 된다.

그러나 일부 저자들(예: Silvers, Waserman, & Mahowald, 1998)은 장애의 생의학적 모델이 장애를 가진 사람들의 삶에서 사회적 영향의 역할을 무시한다고 했지만, 장애의 신체적 체화(physical embodiment)(생물학, 신경학, 유전학, 신체적 특성)와 사회적인 측면(가족, 지역사회, 문화) 간의 관계가 사람들, 그들의 요구 및 그들의 삶의 질을 이해하는 데 있어서 핵심적인 것은 분명한 듯하다. 따라서 사회구성주의적(social constructionist) 관점은 장애의 현실을 부정하는 것이 아니라, 개인의 요구를 충족시키는 데 필요한 서비스와 지원을 제공해야 하는 사회의 책임을 함께 인정한다(Oliver, 1996). 그것은 장애가 개인만큼이나 사회와도 관련이 있다는 것을 우리에게 말한다. 제5장에서는 새로운 도덕적 공동체에서 지원의 성격과 역할을 탐구할 것이다. 이 장의 나머지 부분에서는 윤리에 대한 사회적 관점이 모든 구성원이 참여할 수 있는 공동체로 이어질 수 있는지를 판단하기 위해 우리의 윤리적 전통에 대해 논의할 것이다.

도덕적 참여: 지적장애에 대한 함의

도덕적 참여(moral engagement)란 다른 사람들을 향한 윤리적 행동을 할 수 있는 능력과 그러한 행동에 참여할 수 있는 용기를 의미

한다. 이는 한 개인의 숙고와 결정을 격려하고 수용하는 타인들의
한 공동체(a community of others)를 요구한다. 제2장에서 논의된 바
와 같이, 서구의 윤리적 전통은 지적장애를 가진 사람들의 도덕적
추론 능력을 크게 경시했다. 윤리학자들이 이에 대해 다룰 때는 종
종 다른 집단의 이익을 위해 가장자리 사례(marginal cases)로부터
논쟁을 전개한다. 예를 들면, 동물권을 옹호하는 Peter Singer피터 싱
어(2009, 2010)의 핵심 주장 중 하나는 "종차별주의"(speciesism)에 대
항하는 논거의 가장자리 사례로 장애가 있는 사람들을 드는 것이
다. Singer싱어는 만약 동물과 비슷한 지적 능력을 가지고 있다고 여
겨지는 인간을 우리가 학대하거나 유기하지 않는다면, 인간이 아닌
동물을 학대하거나 멸시하는 것은 종차별주의(인종차별주의나 성차
별주의와 같은 맥락에서)일 것이라고 주장했다. 예를 들면, 만약 우리
가 침팬지나 개와 같은 인간이 아닌 동물들에게 고통스럽거나 생명
을 위협하는 실험을 기꺼이 한다면, 손상의 정도가 심한 지적장애
를 가진 사람들에게도 같은 실험을 기꺼이 수행해야 한다고 Singer
싱어는 말할지도 모른다. 그렇지 않다면, 우리는 종차별주의적이고
비윤리적인 것이다. 물론, Singer싱어는 우리가 장애를 가진 사람들
에게 고통스럽거나 위험한 실험을 해야 한다고 생각하지는 않는
다. 이것은 그가 비인간 동물(nonhuman animals)에 대한 비윤리적
인 대우로 보는 것에 관심을 촉구하는 그의 주장의 일부일 뿐이다.
그러나, 그의 가장자리 사례 논쟁의 일부로 장애인을 사용하는 것
은 지적장애인들을 훨씬 더 주변화시킬 수 있다. 가장자리 사례 이

론은 특히 동물권 문헌(Carlson, 2009)에서 광범위하게 사용되고 있다. 이 이론은 장애가 있는 사람이나 동물에게 고통을 주는 것에 대한 사고 실험(thought experiments)에서 실제 인간을 소외시키고 무시할 뿐만 아니라, 모든 장애인이 동일하게 주변화되어야 한다고 가정한다. Licia Carlson 리시아 칼슨(2009)이 언급했듯이, "우리는 여기서 지적장애는 철학적 유추와 비교가 가능한 개인들의 분명한 한 범주로 추정되는 것을 다시 발견한다"(p. 11). 지적장애인들은 도덕적 대상자(moral patients)로서, 도덕적 공동체의 적극적인 구성원이 아닌 행동을 부여 당한다. 지적장애인들이 도덕적으로 동물과 동등하다는 취지의 이런 모든 종류의 논의는 비인간적이고 극도로 공격적이다.

Singer 싱어와 가장자리 사례 주장을 사용하는 다른 철학자들을 비판하는 많은 비평가는 동물의 윤리적인 대우에 대해 논쟁하기 위해 장애가 있는 사람들을 이용하는 것은 두 그룹(동물과 지적장애인)을 동일시하는 것이고, 그것은 너무 지나치다고 말한다. 그러한 주장은 인간의 독특한 경험과 가족관계 우정 및 적절한 지원을 가지고 의사결정에 적극적으로 참여하는 그들의 능력을 고려하지 않는다. 고인이 된 Harriet Johnson 해리엣 존슨(2003)은 Singer 싱어의 주장에 대해 "나는 여전히 내 인간성에 대한 수용을 바라고 있기 때문에, 종을 초월하는 Singer 싱어의 요구는 내가 감당하기에는 사치스러운 것 같다."라고 대답했다. Kittay 키테이(2010)는 Singer 싱어와 같은 윤리학자들은 장애인의 가치와 값어치를 알아 보고 장애인을 돌보고 장애인에게 마음을 쓰는 사람들의 중요한 경험을 놓치고 있다고 말하였다. Ian Brown이안 브라운(2009)도 비슷하게 지적장애를 가진 아이의 아버지로서 도덕적으로 얼마나 성장했는지에 대해 썼다. 개인을 존중하고 인간관계의 사회적 맥락을 인정하고 존중하는 장애의 모델 그리고 논리적 계산이나 가장자리 사례보다는 돌봄의 네트워크를 뒷받침하는 윤리적 이론들은, 전통적으로 묘사된 합리성을 가진 사람들뿐 아니라 모든 구성원의 도덕적 성장에 기여하는 더 확장된 공동체로 이어질 가능성이 높다.

장애인을 돌보는 방법들은 개인적 이익과 그리고 도덕적 결정을 내리는 데 누가 참여해야 하는지 그리고 누가 참여할 수 있을지에 대한 우리의 문화적 관점에 또한 의존한다. 2006년, "애슐리 치료"(Ashely Treatment)로 유명한 Ashely애슐리 X의 사례에서, 부모와 자녀의 이해관계의 균형이 시험대에 올랐다. 이 경우에, Ashely애슐리는 심각한 지적장애와 다양한 신체적 장애를 가진 6세 소녀였고, 그의 부모는 그녀의 신체적으로 작은 상태를 유지하고 호르몬 치료와 자궁 절제, 유방 제거와 같은 침습적인 절차를 통해 사춘기를 예방하고 그녀의 성장을 약화시키기 위해 호르몬과 수술을 사용하기로 결정했다. Ashely애슐리의 부모는 Ashely애슐리가 성장함에 따라 성적 학대의 피해자가 되는 것을 막고, 불편한 생리를 피하고, 가능한 한 가족이 집에서 그녀를 계속 돌볼 수 있도록 그녀를 충분히 작게 유지하는 것이 그들의 목적이라고 말했다(Gunther & Diekema, 2006). 애슐리 치료는 그 이후 비슷한 상황에 있는 다른 어린이들에게 사용되었다(Greig, 2015).

애슐리 치료의 지지자였던 Singer싱어는 이 치료가 Ashely애슐리의 신체가 그녀의 추정되는 "정신적 나이"와 일치하도록 만들어 아이의 크기를 유지하고 그녀의 부모가 그녀를 데리고 다니기 쉽기 때문에 더 많은 활동에 참여시킬 수 있게 했다고 언급했다(Singer, 2007). 아이들을 위해 애슐리 치료법을 선택한 다른 부모들도 마찬가지로 아이들이 집에 머물 수 있는 가능성을 더 높이는 것으로 아이들의 최선의 이익을 위해 행동하고 있다고 믿고 있었다(Field, 2016). 비평가들(예: Harnacke, 2016)은 애슐리 치료법은 성인 장애인이 본인의 돌봄에 대한 결정에 기여할 수 있는 잠재력을 무시하는 것이고, 이는 윤리적 · 법적 기준 모두를 위반하는 것이라고 주장한다(AAIDD, 2012b). 그들은 또한 가족들이 아이들보다 자신의 이익을 (자녀를 아이처럼, 감당 가능하게 유지시키기 위하여) 더 우선시할 가능성이 높다고 주장한다. 이 장에서 살펴본 바와 같이, 이 두 관점 모두 이해관계는 주로 개별화되어 있고 함께 얽히지 않으며, 더 넓은 사회적 맥락에서 상충되는 것처럼 보이는 이 문제를 피할 수 있는 해결책은 없다고 가정한다. 예를 들면, 헤이스팅스 센터(Hastings Center) 연구팀(Wilfond et al., 2010)은 Ashely애슐리의 부모가 딜레마에 직면했음에 주목하였다. 그녀의 잠재적인 어려움(가족이 집에서 그녀를 돌보는 것이 불가능해진 경우의 학대와 방치)은 대부분 사회적으로 구성되었고, 따라서 그녀와 그녀의 가족은 그것들을 극복하기 위해 더 많은 사회적 자원이 필요했다. 그러나 그 자원들이 부족했기 때문에 의학적 해결책은 실행가능한 선택인 것처럼 보였다. 수술과 호르몬 치료는 장애의 의학적 모델에 부합한다. 사회적 모델 하에서는 가족과 공동체의 더 많은 자원과 이해가 가능했을 수도 있다. 캔자스 대학교 발달장애센터의 공동대표인 Karrie Shogren캐리 쇼그렌은 "저의 주요 걱정 중 하나는…… 이것이 행해지고 있는 곳들이 장애와 관련이 크게 없거나 장애에 대해 지지적이지 않은 곳일 수도 있다는 것이다."라고 말했다(Field, 2016). Kittay키테이(2011)는 지적장애를 가진 자녀들을 더 아이처럼 유지시키시를 바라는 부모의 관점이 그들의 신체뿐 아니라 그들의 지성(minds)과 인간관계들의 잠재적 성장을 무시한다고 주장했다: 아이의 정신을 갖는 것과 아이의 역량(capacities)을 갖는 것은 같은 것이 아니다. 왜냐하면 장애를 가진 사람들도 그들의 행동 능력을 훨씬 초월하는 이해와 일련의 정서적 반응을 충분히 가질 수 있기 때문이다. 뇌가 손상되어 있을 수는 있으나 멈춘 것은 아니다. 다른 이들의 뇌에서 그렇듯 뇌에서 시냅스는 계속해서 형성된다.

애슐리 치료와 아이들이 성인이 될 때의 성장 지연의 후속결과가 더 통합적인(inclusive) 도덕적 공동체에 필수적인 문화적 변화에 기여할 것 같지 않다. 그리고 Kittay키테이(2011, p. 627)는 다음과 같이 썼다.

> ……여전히 더 중요한 것은 통합 환경이다: 다양한 종류의 몸과 지성을 환영하고, 이 다양성에 의해 풍요로운 세상을

보고, 규준(norm)에서 벗어나는 사람들이 제시하는 가능성 뿐 아니라 도전을 수용하는 것이다.

모든 능력 수준의 개인 요구의 충족, 그들 목소리의 경청, 그들 기여의 인정을 지원하는 다양하고 공평한 공동체들을 지지하기 위해 우리의 이상(ideals)과 도덕적 이론에서 어떠한 토대를 찾을 수 있을까? Jason Greig제이슨 그레그(2015)는 장애의 사회적 모델에 대한 하나의 종교적인 전개(a religious twist)를 가지고 "Ashely애슐리를 수술적 처치가 필요한 딜레마라기보다 있는 그대로 환영할 만한 선물로 인식하는 것은 Ashely애슐리를 대상화하고 영원한 아이의 틀로 바라보는 장애의 의학적 모델에 대한 설득력 있는 대안"이라고 썼다(p. 44).

새로운 도덕적 공동체의 토대

도덕성의 사회적 맥락

Kuhse쿠세와 Singer싱어(1985)는 장애 아기와 부모의 이익 중 어느 쪽이 더 중요한지 물어볼 때, 이 이익이 쉽게 분리될 수 있다고 추정하였다. 인간을 본질적으로 지적이고 합리적인 의사 결정권자로 보는 철학적 관점에서는 부모와 자녀의 자아를 분리된 것으로 가정한다. 그러나 많은 철학에서는 인간 자아(a human self)를 본질적으로 사회적 존재로 간주하며, 이 자아는 타인의 이해관계와 쉽게 분리할 수 없고 도덕적 대상자(patients)와 도덕적 행위자(agents) 또는 부모와 자녀 사이의 경계를 모호하게 만든다: "사랑스러운 가족을 가정할 때 자녀의 안녕은 부모와 형제자매의 안녕에 결정적인 것처럼, 부모와 형제자매의 안녕이 자녀의 안녕에 결정적이다"(Kittay, 2011, p. 615). 이러한 철학적 토대 중 일부는 장애인에 대한 도덕적 관점을 개발하는 데 필수적이라고 생각한다.

예를 들면, 미국의 실용주의 도덕 이론은 인간은 태어날 때부터 사회적 존재(a social creature)라는 생각에서 출발한다. Wilhelm Wundt빌헬름 분트의 영향을 받은 George Herbert Mead조지 허버트 미드 (1934)의 사회적 행동주의(social behaviorism)는 자아가 가족 관계라는 사회적 관계에서 나온다고 가정한다: "자아는 발달하는 것으로, 태어날 때 처음부터 존재하는 것이 아니라 사회적 경험과 활동의 과정에서 발생하는 것, 즉 한 개인이 그 과정 전체와 그 과정 내의 다른 개인과의 관계의 결과로 발달하는 것이다"(p. 135).

미드의 동료이자 교육철학으로 유명한 John Dewey존 듀이 (1927/1988)도 마찬가지로 도덕적 자아는 타인과의 사회적 관계에서 생겨난다고 보았다: "인간이 되는 법을 배운다는 것은 한 공동체에서 개별적으로 구분되는 한 구성원이라는 실질적인 의식에서 빚어지는 쌍방의 의사소통을 통해 개발되는 것이다"(p. 332). Mead미드와 Dewey듀이에게 사회적으로 위치하는 자아란 풍부한 도덕적 숙고가

한 개인의 이익을 분리해서 계산하는 것뿐만 아니라 개인들이 속한 사회의 사회적 이익에 의해 영향을 받는다는 것을 의미한다.

　페미니스트 돌봄 윤리학자들(Gilligan, 1982; Noddings, 1984)도 마찬가지로 도덕적 숙고가 가족 관계에서 비롯된다고 본다. 돌봄 윤리학에 따르면 도덕적 결정을 내리는 사람은 과거의 강력한 도덕적 관계의 뿌리에서 자신의 "최선의 자아"(best self)(Noddings, 1984)를 키워 나간다. 지성과 합리성에 기반을 둔 도덕적 전통과 달리 돌봄 윤리는 타인과의 정서적 유대를 탐구하는 데 기반을 두고 있으며, 그 결과 더 광범위하고 다양한 도덕적 공동체를 형성한다. 또한 실용주의자들과 돌봄 윤리학자들은 도덕성을 전통적인 지능과 같이 타고난 사고에 의존하는 것이 아니라 성장하고 함양할 수 있는 것으로 이해한다. 우리의 도덕적 결정이 최고의 돌봄 관계에서 비롯되고 학습될 수 있다면, 지적장애인은 도덕적 대상자가 아니라 능동적인 의사 결정권자로서 도덕적 소통을 확장할 수 있다. 돌봄 윤리는 여성의 경험을 포함하도록 도덕적 공동체를 넓히려는 열망에서 비롯되었기 때문에 다른 주변화된 공동체들로 확장될 수 있다는 접근 방식이 타당하다. 타인의 이해관계와 맥락을 진정으로 인식하는 것이 돌봄 윤리의 핵심이다. Kittay키테이(2011, p. 615)는 돌봄 윤리와 애슐리 치료에 대해 다음과 같이 썼다.

　새롭게 부모가 된 사람은 자신이 장애인이거나 이미 장애아동의 부모인 경우를 제외한다면, 자신의 비장애중심주의적

(ableist) 편견을 그 상황에 적용할 가능성이 높다. 의사는 장
애를 의료적 상태로만 볼 직업적 책임이 있기 때문에 완전
히 적절한 대응을 위해서는 장애를 가지고 살아 낸 삶의 관
점을 제공할 수 있는 더 나은 위치에 있는 사람의 정보가 필
요할 것이다.

장애의 사회적 모델과 유사한 실용주의 및 돌봄 윤리는 개인들
의 이익을 그들의 전체 맥락들에서 이해하려고 하며, Kittay 키테이가
제안한 것처럼 지역사회 공동체들을 다양성으로 인해 풍요로워지
는 것으로 본다.

마찬가지로, 사회적 내재성(social situatedness)은 임상 환경에
서 정신 역량(mental capacities)이 저하된 사람들과의 관계에 근
거를 마련하는 데 사용될 수 있다. 치매 환자를 돌보는 Hilde
Lindemann 힐데 린데만(2010)의 연구에는 사람들이 정체성을 유지하
도록 돕기 위해 사회적 내러티브 구조를 사용한다는 개념이 포함
되어 있다. Lindemann 린데만은 Mead 미드처럼 가족 관계에서 비롯되
는 도덕적 주체성(moral agency)을 포함한 자아를 개념화했다. 그
런 다음 개인적 정체성은 우리가 공유하는 이야기(사회적 내러티브)
에서 비롯된다. 이러한 사회적 자아는 치매 환자들이 자신의 정체
성과 그 정체성을 형성하게 된 관계를 유지하도록 돕는 데 핵심적
인 역할을 한다.

타인을 배려하고 그들의 도덕적 선택권을 강화하는 것은 실용주

의와 돌봄 윤리는 물론, 공유된 경험과 관계 속에서 도덕적 의사결
정을 내리는 다른 윤리화 운동(ethical movements)의 핵심이다. 이
는 다양한 지역사회들에서 풍부한 사회적 경험을 활용하고 촉진하
는 윤리적 활동의 구조를 제공한다. 이러한 도덕에 대한 사고방식
은 합리성을 우선시하는 전통을 넘어 다원적이고 통합적이며 공
감, 친절, 관대함 및 좋은 관계를 구성하는 기타 가치에 대해 우리
가 이야기할 때, 실제 사람들이 어떻게 행동하는지를 설명한다.

역량에 기반한 도덕적 참여

Martha Nussbuam마사 누스부암이 제시한 "역량" 접근법은 도덕성
을 합리성만이 아닌 다양한 역량과 경험의 관점에서 개념화하는 것
이 얼마나 더 통합적이고 유용할 수 있는지를 보여 주는 좋은 예시
이다. 이 접근법은 개인의 잠재력과 역량 측면에서 비교 가능한 삶
의 질을 강조하며, 이러한 평가를 바탕으로 삶의 질을 개선할 것
을 정부에 촉구한다. Nussbuam누스부암(2006, 2011)은 지적 능력에
관계없이 모든 사람에게 지원되어야 한다고 생각한 10가지 능력
을 제시했다. 생명, 신체 건강 및 신체 완전성(bodily integrity)처럼
전통적인 윤리 이론을 연상시키는 역량도 있지만, Nussbuam누스
부암은 합리성이나 재산 소유권과 같은 전통적인 개인주의적 관심
사는 목록에 포함시키지 않았다. 이러한 것들이 그의 목록에서 제
외된 것은 아니지만, Nussbuam누스부암은 "감각"(sense), "상상력"

(imagination), "사고"(thought), "감정"(emotions), "실천 이성"(pratical reason), "제휴"(affiliation), "놀이"(play), "환경에 대한 통제", 심지어 "동물, 식물, 자연세계를 신경 쓰고 관계를 맺고 살아갈 수 있는 것"과 같은 삶의 질과 인간관계의 잠재력을 증진하는 역량에 초점을 맞췄다(2011, pp. 33-34). 역량에 기반한 접근법의 중요한 특징은 성장되거나 육성될 수 있는 활동에서의 도덕성에 기초한다는 것이다. Michael Bérubé마이클 베루베(2010, p. 108)는 Singer싱어에게 보낸 편지에서 "당신은 다운증후군을 가진 사람들이 할 수 없는 일을 찾고 있고, 나는 그들이 할 수 있는 일을 찾고 있다."라고 썼다. 도덕성의 근거를 우리에게 좋은 삶의 질을 제공하는 많은 것에 기초하게 되면, 도덕적 의사결정에 더 다양한 역량이 있는 사람들을 포함할 수 있다.

더 강한 도덕적 공동체

지적장애가 있지만 도덕적 가치에 따라 전형적인 생활 능력보다 더 큰 능력을 가진 사람들의 예는 많다. 윌리엄스 증후군(Williams syndrome)을 가진 사람들의 두 가지 특징은 공간적 사고(spatial thinking)와 마음이론(theory of mind)에 제한성이 있다는 것이지만, 이 조건을 가지고 있지 않은 또래보다 다른 사람들과 연결되고 공유하려는 바람이 더 크다. 신경내분비학자 Robert Sapolsky로버트 사폴스키는 윌리엄스 증후군을 가진 사람들은 따뜻함과 공감과 같은 사회적 감정을 가지고 있지만, 반면에 "소시오패스들은 대단한 마음 읽기 능력을 가지고 있지만 그들은 남을 전혀 신경 쓰지 않는다."라고 말했다(Dobbs, 2007).

마찬가지로 장애인과의 관계는 교실(Lekan, 2009), 가정(Brown, 2009), 직장(Austin & Pisano, 2017)에서 비장애인(typically abled people)에게 가치 있는 도덕적 후속결과를 가져오는 경우가 많다. 우리의 도덕적 이론들은 그것들이 인간성에 주는 혜택만큼만 가치가 있다. 이러한 혜택은 단순히 개인의 선한 의지를 넘어서는 것이어야 한다(Kant, 1983/1785). 우리의 도덕적 공동체가 장애를 가진 사람들을 더 통합할수록 그것은 우리 모두를 더 나은 사람으로 만든다. Ian Brown이안 브라운(2009, p. 233)은 자신의 아들에 대해 이렇게 썼다:

> 그러하니 여러분은 언젠가는 Walker워커가 우리의 진화 프로젝트에서 한 목적이 있고, 그는 돌연변이와 변이 시도에서 성공하지 못한 것 이상의 존재라고 생각한 나를 아마 수용할 수 있을 것이다. 만약 그의 사례가 주목받고 복제되고 "선택된다"라고 생각하는 것이 아마 허사일 수 있지만, 그는 인간 종의 소수 구성원에 대해 더 다양하고 회복탄력적인 윤리적 감각의 진화를 향한 한 작은 발걸음이 될 수 있을 것이다. Walker워커와 같은 지적장애인의 목적은 아마도 적자생존의 삭막한 공허함에서 우리를 해방시키는 것일지도 모른다.

장애를 가진 사람들은 도덕적 공동체를 넓히고 다양화하는 데
많은 기여를 할 수 있다. 자폐범주성장애 공동체에서 일어나는 "신
경다양성"(neurodiversity) 운동은 통합(inclusion)이 어떻게 사회적
유대와 노동력을 강화할 수 있는지에 대한 최근의 한 모델을 제시
한다. 예를 들면, Temple Grandin템플 그랜딘은 인간이 아닌 동물과
공감하는 독특한 능력 덕분에 불필요한 스트레스와 불편함을 덜
유발하는 인도적인 도축 시설에서 소(cattle)를 처리하는 활송 장치
(chute systems)를 설계할 수 있었다. Grandin그랜딘(2017)은 자폐증
덕분에 "신경전형적"(neurotypical)[역자주: 비장애인을 의미함] 사람
이 할 수 있는 것보다 소의 경험을 더 잘 상상할 수 있다고 주장하
였다:

> 나는 주로 언어(words)로만 생각하는 사람들이 있다는 것을
> 알게 되었고, 이런 언어적 사고자들은 동물의 생각을 부정할
> 가능성이 높으며, 언어 없이는 생각을 상상하지 못한다는 것
> 을 관찰했다. 나의 시각적 사고력을 이용하면 동물의 몸이
> 된 자신을 상상하고 동물의 관점에서 사물을 보는 것이 쉽다
> (p. 251).

　마찬가지로 일부 고용주들은 신경다양성이 경쟁 우위를 제공
하는 것으로 간주한다. 예를 들면, 자폐증이나 난독증과 같은 조
건을 가진 사람들이 패턴 인식, 기억력, 수학과 같은 특별한 기술

을 가지고 있는 경우가 많다는 사실을 인정하는 기업이 늘고 있는
데, Hewlett Packard휴렛팩커드와 Microsoft마이크로소프트가 그중 하나
이다. 때때로 기업은 특별한 요구가 있는 직원을 수용하기 위해 채
용 과정과 업무 환경을 조정해야 하지만, 신경다양성이 비즈니스
와 직장 공동체에 도움이 될 수 있다는 사실을 깨닫고 있다. SAP[역
자주: 독일에 본사를 둔 비즈니스 솔루션을 제공하는 글로벌 소프트웨어
기업]의 수석 부사장인 Silvio Bessa실비오 베사는 신경다양성 직원을
수용하기 위해 일하면서 개인의 요구에 더 민감하게 반응할 수 있
게 되었다고 말한다: "의심할 여지 없이 더 나은 관리자가 되었다"
(Austin & Pisano, 2017, p. 98). 다른 기업에서도 신경다양성 프로그
램이 더 나은 제품, 더 많은 혁신, 이직률이 낮은 직원 충성도, 심지
어 글로벌 기업시민상 수상과 같은 더 넓은 혜택을 가져다준다고
보고하였다(Austin & Pisano, 2017).

신경다양성 운동은 통합적 도덕적 공동체를 위한 좋은 모델이
될 수 있다. 모든 인간이 개인과 사회 집단 모두에서 가지고 있는
긍정적인 특성을 인지한다면, 주변화된 집단이 더 가치 있고 공평
하게 대우받을 수 있다. 우리의 대화는 사람들을 고치고 정상화
(normalizing)하는 것이 아니라 삶의 질을 개선하고, 지원을 강화하
고, 다양한 역량을 가진 사람들로부터 배우고 성장할 수 있는 공동
체를 만드는 것에 더 집중할 수 있을 것이다.

4장의 마무리

철학자, 심리학자, 교육자 및 의료 전문가들 사이에서 지적장애와 관련 조건들을 판별하고 표찰하는 것은 오랜 역사를 가지고 있다. 그 과정에서 장애는 주변 환경과 관련된 문제가 아니라 개인에게 속한 문제가 되었다. 그러나, 장애라는 명칭은 사람들이 인식하지 않더라도 바뀔 수 있다. 장애에 대한 사회구성주의적 관점은 개인의 특성을 부정하지는 않으나, 장애를 가진 사람들에게 기회를 제공하는 데 있어서 환경과 환경적 지원의 중요성을 인식한다.

인간은 본질적으로 사회적 존재이며, 개인이 자신의 삶에 대한 통제권을 행사하는 사회적 주체가 되어야 한다는 사실을 받아들이면 새로운 도덕적 공동체를 떠올리게 된다. 이러한 접근 방식은 사회적 맥락의 중요성과 지적장애를 가진 많은 사람의 특징이 될 수 있는 고유한 능력을 인정한다. 이들의 풍부한 기여는 지역사회를 더욱 다양하고 통합적으로 만들어 자신뿐만 아니라 주변 사람들의 삶의 질을 향상시킬 수 있다.

제5장

삶의 질 개혁:
이웃에서의 새로운 삶

　최근 수십 년간 많은 지적장애인의 삶은 극적으로 향상되었지만, 과거의 유산은 권리 부정, 서비스 및 지원으로의 접근 제한, 열악한 환경에서의 삶으로 점철되어 왔다. 지적장애를 가진 사람들은, Blatt블랫과 Kaplan카플란(1966)이 너무나 극적으로 묘사한 것처럼, 그들의 돌봄을 책임지고 있는 사람들의 손에 의해 차별의 대상이 되었고 학대의 희생자가 되었다.

　그러나 탈시설수용화(post-institutional)의 시대는 지원이 제공되는 지역사회 서비스, 정상화된 삶 그리고 개인과 가족의 삶의 질(quality of life)의 중요성을 강조해 왔다. 역사가 기록된 이래로 삶의 질 향상은 인간의 오랜 열망이었고, 이는 지난 40년 동안 지적장애를 가진 사람들의 안녕을 옹호하는 연구자들과 사람들의 핵심 우선순위가 되었다. 이 장에서 우리는 삶의 질 개혁의 의미, 목표 및 성과의 주요 측면들을 검토한다. 마지막으로, 우리는 새로운 도덕적 공동체의 인식과 관련하여 삶의 질 개념의 역할에 대해 논의한다.

삶의 질을 이야기하는 것의 의미

삶의 질의 의미

사람들은 일반적으로 자신뿐만 아니라 가족과 친구들의 삶의 질을 향상시키기를 열망하며 좋은 삶을 사는 것을 목표로 한다. 삶의 질은 수년 동안 사회과학 연구의 주제였다(예: Andrews, 1974; Campbell, 1976; Thorndike, 1939). 최근 몇 년 동안 지역사회 서비스와 진보적인 태도가 계속 발전함에 따라 삶의 질 향상은 연구자, 서비스 제공자, 옹호자 및 지적장애인 본인 모두가 동의할 수 있는 지점이 되었다. 이러한 합의는 이 분야의 일부 초기 권위자들의 견해와는 완전히 대조적인데, 예를 들면 Fernald 퍼날드(1902)는 지적장애인이 분리된 시설에서 행복을 찾을 수 있을 것이라고 확신했다. 결국 그는 "사람이 더 이상 무엇을 원할 수 있겠는가!"라고 외쳤다(p. 489). 그럼에도 불구하고 가족, 옹호단체, 법원 판결 및 장애인 본인에 의해 추진력을 받은 20세기 후반에는 지역사회 기반 서비스가 삶의 질을 향상시키는 것을 사명으로 여겼다. 1980년대에는 연구자들도 지적장애인의 삶의 질에 대한 현장의 이해를 넓히기 시작하여(예: Heal & Chadsey-Rusch, 1985; Keith, Schalock, & Hoffman, 1986; Landesman, 1986) 측정 도구를 개발하고 삶의 질의 특성과 차원을 탐구하기 시작하였다.

1995년 Cummins커민스는 삶의 질에 대한 100가지 이상의 정의가 출판되었고, 연구 문헌에는 1,000개 이상의 삶의 질 측정에 대한 연구가 포함되어 있었다고 보고하였다(Hughes et al., 1995). 2019년까지 PsychINFO 데이터베이스를 검색한 결과, 삶의 질에 관한 항목이 9만 개가 넘었으며, 삶의 질 개념에 대한 연구와 적용이 크게 확대된 것은 분명하다. 그러나 삶의 질에 대한 명확한 단일 정의는 연구자들에게 계속해서 어려운 연구 주제였다(Hensel, 2001). Schalock샬록(1996)은 삶의 질을 한 개인에게 속한 특성으로 간주하는 단일 정의는 바람직하지 않을 수 있다고 제안했다. 그는 대안으로 삶의 질을 다차원적 구조로 간주하고, 연구자들이 개인들의 삶에서 삶의 질의 차원들과 그 지표들을 탐구하는 것이 바람직하다고 주장했다.

다른 연구자들도 삶의 질의 여러 차원들 탐구했다. Hughes휴와 Hwang황(1996)은 여러 정의를 검토한 결과, 삶의 질은 만족감, 안녕, 지역사회 통합, 시민적 책임, 개인적 역량과 같은 총 15가지 차원을 포함하는 것으로 결론지었다. Felce펠스(1997)는 정서적 안녕, 물질적 안녕, 신체적 안녕, 생산적 안녕, 권리(시민적 안녕), 사회적 안녕의 6가지 차원으로 설명했다. Keith키스, Heal힐과 Schalock샬록(1996)은 7개국의 비교문화적(cross-cultural) 연구에서 삶의 질의 10가지 차원에 대하여 합의를 도출하였다: 경제적 안정, 환경, 성장과 발달, 건강, 개인의 통제, 사생활(privacy, 프라이버시), 관계, 권리, 만족 및 사회적 통합. 한 비교문화 연구팀(Schalock et al.,

2002)은 정서적 안녕, 대인관계, 물질적 안녕, 개인적 발달, 신체적 안녕, 권리, 자기결정 및 사회적 통합이라는 삶의 질의 8가지 차원에 대한 합의를 도출했다. 또한 삶의 질에 대한 정의에는 연구자뿐만 아니라 지적장애인 본인과 그들의 옹호자의 관점도 포함되어야 한다는 공감대가 형성되고 있다(예: Goode & Hogg, 1994; Keith, 1990; Renwick & Brown, 1996; Ward, 2000). 요약하자면, 삶의 질은 안녕감, 사회적 참여, 개인의 잠재력을 발휘할 수 있는 기회, 인류 공통의 가치에 대한 수월성 추구(Schalock et al., 2002)를 의미하게 되었으며, 이것이 바로 우리가 삶의 질에 대해 이야기할 때 삶의 질이 의미하는 바이다.

삶의 질의 범위

삶의 질은 개인 수준(미시체계), 조직(organization) 및 지역사회 수준(중간체계), 사회 또는 문화 수준(거시체계)(Schalock & Keith, 2016b)으로 존재한다. 이러한 수준에서 삶의 질에 기여하는 여러 가지 기초적인 핵심 개념이 판별될 수 있다(Schalock et al., 2002).

1. 개인의 개인적 맥락(생활, 직업 및 여가 환경들)은 삶의 질에 핵심적이다.
2. 개인마다 삶을 경험하는 방식이 다르고, 인생의 여러 시점에서 삶을 경험하는 방식도 다르다.

3. 삶의 질은 다양한 영역이 상호작용하여 전체를 구성하는 총
   체적인 구조이다.
4. 개인의 역량 강화(선택하기, 통제하기)는 삶의 질을 높이는 데
   주요한 기여를 한다.
5. 삶의 질은 주관적인 지각에 대한 이해가 필요하다. 삶의 질은
   보는 사람의 생각에 달린 것이다.

이러한 핵심 개념은 개인 경험의 중심이 되는 최소 네 가지 중요
한 주제인 자기옹호, 지역사회, 문화 및 미적 특성(aesthetics)에 걸
쳐 개인의 삶에 구현된다(Keith & Schalock, 2000).

자기옹호는 자신의 권리를 인식하고, 자신의 권리에 대해 책임
을 지며, 다른 사람들과 함께 집단의 이익을 추구하기 위해 지적장
애인 개인이 하는 일을 의미한다(Williams & Shoultz, 1982). 자기옹
호는 자기결정 및 권한부여와 밀접한 관련이 있으며, 이는 삶의 질
에 중요한 기여를 한다(Lachapelle et al., 2005; McDougall, Evans, &
Baldwin, 2010; Wehmeyer & Schwartz, 1998). 제4장에서 설명한 바와
같이 지적장애를 가진 사람들이 자기옹호자가 될 수 있고 도덕적
결정에 기여할 수 있는 권한을 부여받을 수 있는지는 도덕적 숙고
의 개념화와 도덕적 공동체의 구성원이 누구인지에 따라 달라진다.

지역사회는 개인의 지역사회 구조에 통합되는 것이 삶의 질에

있어서 중요한 한 요소라는 것과 지역사회의 다른 구성원들과 가장 유사한 삶의 경험을 가진 사람들이 더 높은 삶의 질을 가진다는 것을 의미한다. 또한 지적장애인이 그들의 지역사회에서 고립되는 것을 방지해야 할 필요성과 지역사회에 실재하는 것과 지역사회에 진정으로 사는 것의 차이를 인식할 필요성이 있다(Chowdhury & Benson, 2011; Keith & Schalock, 2000; Rapley, 2000).

문화와 문화적 경험은 개인의 세계관(Matsumoto & Juang, 2013), 장애에 대한 인식(Watson, Barreira, & Watson, 2000), 개인성/공동체성의 수준들(Myers, 1992), 개인 내/대인 간의 자아감(Markus & Kitayama, 1991)에 영향을 미친다. 삶의 질을 이해하는 데 있어 문화적 경험의 역할은 세계보건기구(Power & Green, 2010)에서도 인정한 바 있으며, 연구자들은 삶의 질의 핵심 영역은 보편적일 수 있지만, 다양한 문화에 따라 개개인에게 있어 각 영역의 중요성은 차이가 있을 수 있으므로 삶의 질 평가는 문화적으로 민감해야 한다고 지적하였다(Buntinx & Schalock, 2010).

미적 특성은 사람들이 존엄하고 품위있는 삶을 사는 정도를 결정하는 데 있어서 학교, 직장, 대인관계, 일상적인 결정에서 일상적인 활동들의 역할들을 인식하는 한 주제이다. 철학자 John Dewey 존 듀이(1934)와 Joseph Kupfer조셉 쿠퍼(1983)의 견해와 일치하는 이 관점은 평범함에서 아름다움을 찾으려 한다. Kupfer쿠퍼는 예술, 자연과 같은 뻔한 장소뿐만 아니라 스포츠 및 기타 지역사회 기반 활동을 포함하여 우리가 살고 죽는 방식의 모든 측면에 아름다운 것이 일상생활의 일부가 되어야 한다고 주장했다. 제7장과 제8장에서 다루고자 하는 개인적 삶의 미적 특성의 몇몇 측면은 개인적인 이야기들(Coles, 1989; Taylor & Bogdan, 1996)에서 찾을 수 있다.

따라서 삶의 질은 환경적 요인과 개인적 특성에 영향을 받는 다차원적인 실체라고 말할 수 있다(Schalock, Keith, Verdugo, & Gomez, 2010). 삶의 질은 정서적 · 재정적 · 신체적 · 직업적 및 사회적 삶의 다양한 차원에서의 행복, 만족, 성공 및 충족감의 인간의 다양한 측면을 포괄한다(Watson & Keith, 2002). 결국 삶의 질은 각 개인이 남기는 유산의 일부가 된다.

삶의 질과 가족

삶의 질과 지적장애인에 대한 많은 연구의 초점은 당연히 개인의 삶에 맞춰져 있었다. 그러나 지적장애인은 가정에서 돌봄과 지원을 받을 가능성이 가장 높기 때문에 가족의 안녕을 해칠 수 있는 여러 가지 스트레스 요인(예: 경제적, 정신건강)에 직면하는 돌봄제공자에게도 관심이 집중되었다(Burton-Smith et al., 2009; Cummins, 2001). 가족은 아동과 많은 성인 지적장애인을 지원하는 주요 자원이며(Samuel, Rillotta, & Brown, 2012), 삶의 질 향상을 목표로 하는 가족에 대한 지원은 매우 중요한 문제이다(Turnbull, Poston,

Minnes, & Summers, 2007). 그 결과, 연구자들은 가족의 삶의 질을 지적장애 분야의 정책과 실천의 중요한 측면으로 간주하기 시작했다(Wang & Brown, 2009).

가족의 삶의 질에 대한 연구는 개인의 삶의 질에 대한 연구를 기반으로 하며(Wang & Kober, 2011), 개인의 삶의 질과 마찬가지로 가족의 삶의 질은 개인뿐만 아니라 다른 가족 구성원까지 포함하는 다차원적인 개념이다(Samuel et al., 2012). 가족의 삶의 질에 영향을 미치는 요인 중에는 장애의 특성과 심각도 외에도 이용가능한 지원, 가족 상호작용과 관계 및 전반적인 안녕이 있다(Bhopti, Brown, & Lentin, 2016). 삶의 질은 가족 지원과 서비스의 효과를 평가하는 하나의 중요한 성과 척도로 인식되고 있으며(Summers et al., 2005), 이는 미국뿐만 아니라 다른 나라에서도 마찬가지이다(예: Hu, Wang, & Fei, 2012).

슬로바키아의 한 연구 결과에 따르면, 장애아동의 가족은 다른 가족보다 재정적 자원이 더 많이 필요하지만 가족, 친구, 지역사회의 관계와 지원에는 동등하게 만족하는 것으로 나타났다(Juhásová, 2015). 마찬가지로 Schertz셜츠와 그의 동료(2016)의 연구에 따르면, 이스라엘 가족의 삶의 질은 재정적 안녕 영역에서 가장 낮았고, 가족 관계에서 가장 높았다. 그리고 Giné지네와 그의 동료의 연구(2015)에 따르면 장애 자녀가 18세 이상일 때 가족의 삶의 질이 더 높은 것으로 나타났는데, 이는 아마도 어린 자녀일수록 가족 스트레스가 더 클 수 있음을 시사한다. 과거 여러 연구에서 지적장애 아동 돌봄의 부정적인 측면에 대해 논의했음에도 불구하고, 가족은 항상 돌봄을 제공할 수 있는 방법을 찾아냈으며(Samuel et al., 2012), DeFrain 드프레인(1999)은 가족이 왜 실패하는지를 묻는 대신 가족이 어떻게 성공하는지를 물어야 한다고 제안했다.

삶의 질과 변화하는 환경

지적장애인의 손에 놓인 삶의 질. 삶의 질 개념을 단순한 개인의 상태를 측정하는 것 이상으로 발전시키기 위한 노력의 일환으로, 연구자들은 지적장애인에게 서비스를 제공하는 조직들이 삶의 질을 향상시키기 위한 역동적인 접근 방식을 취해야 한다고 옹호해 왔다. 이러한 접근 방식에는 개인적 맥락의 고유한 특성에 대한 인식, 새로운 개인적 기회 개발의 중요성 그리고 위험 감수에 노출되는 것에 내재된 존중과 같은 개념이 포함된다(Reinders & Schalock, 2014). 따라서 삶의 질에 대한 정보는 개인 수준에서는 개인의 요구와 희망을 충족시키기 위한 의사소통과 행동을 촉진하고, 조직 수준에서는 프로그램 개선을 지원하며, 사회차원적/문화적 수준에서는 권리와 기회를 보장하는 데 사용된다(Schalock & Keith, 2016a).

또한 삶의 질 운동은 개인들의 삶을 정의하고 평가하는 데 있어서 개인들의 역할에 대한 일종의 변화된 관점을 가져왔다. 과거에는 지적장애인의 삶의 질은 다른 사람들에 의해 평가되었다. 삶의 질에 대한 이해가 발전함에 따라, 연구자들은 지적장애인들이 타인의 보고에 의존하기보다는 [삶의 질에 대해] 본인이 보고하는 것의 중요성에 대해 인식하였다(Perry & Felce, 2002; Stancliffe, 1995). 지적장애인들은 본인의 삶의 질에 대해 보고하는 것뿐 아니라 타인이 그들의 삶의 질을 보고할 때 지원할 수 있도록 훈련받기도 하였다(Bonham et al., 2004; Keith & Bonham, 2005; Perry & Felce, 2004). 지적장애인들로부터 수집한 데이터는 서비스 프로그램들의 특성들에 대한 공공보고서를 작성하는 데 사용되었다(예: ARC of Nebraska, 1998, 1999, 2000, 2001, 2002, 2003).

삶과 죽음의 문제. 사망률 데이터에 따르면 지적장애인은 평균적으로 비장애인보다 수명이 짧고 기대 수명이 짧다(Glover et al., 2017). 보다 구체적으로, 경미한 손상을 가진 사람들은 일반적인 수명을 가지고 있으며, 더 심각한 손상을 가진 사람들은 일반적으로 더 짧은 수명을 가지고 있다. 그러나 의료 서비스가 개선되면서 상황은 변화하고 있고, 사람들은 더 오래 살고 있다(Forrester-Jones et al., 2017; WHO, 2011). 수명이 길어지면 노화와 관련된 다양한 질환이 필연적으로 증가하며(예: Plichart et al., 2010; Tuffrey-Wijne, 2013), 수명이 점점 일반 인구와 비슷해지고 있는 다운증후군을 가진 사람들은 일반 인구보다 알츠하이머병에 걸릴 위험이 더 높다(Stancliffe et al., 2012). 이러한 인구통계학적 변화에 대한 한 가지 반응은 지적장애인의 삶의 마지막 돌봄(end-of-life care)에 더 많은 관심을 기울여야 한다는 인식이며, 적어도 한 프로젝트에서는 전문화된 삶의 마지막 프로그램에서 삶의 질을 측정하기를 시도하였다(Forrester-Jones et al., 2017). 지적장애인의 기대 수명이 계속 늘어나고 돌봄제공자들이 전 생애와 삶의 마지막에서 삶의 질에 대한 중요성을 인식함에 따라 고령자의 삶의 질에 대한 관심은 더욱 보편화될 것으로 보인다.

또한 연구자들은 시한부 생명이거나 생명을 위협하는 질환을 앓고 있는 아동(및 그 가족)을 대상으로 개선된 돌봄의 필요성을 탐구하기 시작했다. 소아 완화의료(palliative care)를 받는 어린이 중에는 여러 가지 주요 질환 외에도 거의 절반이 일종의 인지 장애(a cognitive disability)를 가지고 있다(Feudtner et al., 2011). 지적장애 아동의 경우, 만약 돌봄제공자가 통증 행동(pain behavior)은 정신병리(psychopathology)를 반영한다고 추정한다면, 통증과 그 관리는 특별한 어려움에 부딪힐 수 있다(Breau & Camfield, 2011). 돌봄 조정, 전문화된 돌봄 스태프와 팀, 재가 지원(in-home supports) 및 임시 돌봄 제공(respite care)과 같은 단계들은 아동과 가족 모두의 삶의 질을 향상시킬 수 있다. 아동이 가능한 한 오랫동안 잘 살 수 있도록 돕는 것을 목표로 이 단계들이 조기에 통합되면 최대한으로 도움을 받을 수 있을 것이다(Duc, Herbert, & Heussler, 2017). 지적장애인들이 삶의 마지막에 가까워질 때, 태도와 지원에서 최근의 발전들은 지적장애인의 삶과 죽음의 가치와 지적장애인의 유산에 대한 새로운 존중으로 이끄는 경험들과 기억들에 대한 새로운 관점들을 보장한다.

새로운 도덕적 공동체에서 삶의 향상

장애인에게는 지원과 스태프 훈련에 대한 특별한 요구가 있을 수 있지만, 노화(aging)가 괜찮은 수준의 신체적 · 심리적 · 사회적 안녕을 불가능하게 하지는 않는다. 다른 그룹과 마찬가지로 고령 장애인도 권리 보호, 노화 진행을 개선하는 지원 그리고 자유, 독립성, 기회 및 요구와 지원 간의 간극의 감소에 기반한 서비스가 필요하다(Schalock & Verdugo, 2002). 삶을 하나의 과정으로 보고 단계를 거쳐 종결을 향해 나아간다면, 죽음의 역할을 미학적으로 통합하는 것, 즉 삶에 전체성, 온전함을 부여하는 것으로 이해할 수 있다(Kupfer, 1983). 지적장애인들은 용기와 영웅적 행동(Perske, 1980), 사랑(Brown, 2009), 주도성(Williams & Shoultz, 1982), 연민(Kittay, 2010)과 같은 많은 존경할 만한 자질을 가지고 있다. 이러한 특성은 삶을 아름답게 만들고, 삶의 질에 기여하며, 삶과 죽음의 새로운 방식을 정의하고, 이웃에 새로운 생명을 불어넣는 데 도움이 된다.

심리학과 철학: 일종의 강력한 동맹

Blatt 블랫(1981)은 전통적인 사회차원적 관점이 지적장애를 가진 사람들에 대한 잘못된 문화적 이야기를 초래했다고 믿었다. 그러나 이야기의 변화, 즉 장애인을 정의하고 묘사하는 수사의 변화는 지적장애의 구조에 대한 일반적인 이해에 영향을 미칠 수 있다(Rapley, 2003, 2004). 따라서 철학자와 심리학자들은 장애, 지능과 이성을 바라보는 다양한 시각을 개발하기 위한 노력을 기울여 왔다. 심리학자들(예: Schalock & Keith, 2016a)은 대인관계와 개인적 발달 영역이 삶의 질에 미치는 근본적인 중요성을 인식해 왔다. 서구 문화에서는 전통적으로 자아를 개별화하고 자율적인 개념으로 보았다. 그런데 심리학자들은 이제 가족, 친구, 동료 및 다른 사람들과의 관계 측면에서 자아를 보는 상호의존적 개념, 즉 사회적 고립을 초래할 가능성이 적고 집단 구성원 자격이 근본적으로 중요한 관점(Markus & Kitayama, 1991)을 대안으로 인식하고 있다. 마찬가지로 페미니즘 및 실용주의 윤리와 같은 맥락주의적 철학적 접근 방식은 사람들이 정서적으로 참여하는 방식으로 살 수 있도록 돕는 것을 목표로 하는 도덕적 관점의 중요성을 강조한다(Fesmire, 2003; Noddings, 1984). 따라서 삶의 질을 연구하는 심리학자들은 삶의 질의 다른 영역 중에서도 사회적 통합, 지역사회 참여, 여가 및 친밀성에 대한 사람들의 관점을 측정해 왔다(Cummins, 1997; Hawkins, 1997; Schalock & Keith, 1993).

Taylor 테일러와 Bogdan 보그단(1996)이 주장한 것처럼 삶의 질에 대한 연구는, 표찰을 제쳐두고, Keith 키스와 Schalock 샬록(2016)이 관찰하였듯이, 지적장애인들은 다른 사람들이 그렇듯 그들의 세상을 더 나은 곳으로 만들기를 바란다는 것을 인식하게끔 한다. 이는 친구 및 가족과의 관계를 증진하는 것을 의미하며, 의미 있는 활동의 중요성과 다음과 같은 인식이 수반된다. 삶의 질 운동은 돌볼 수 있는 모든 사람에게 완전한 도덕적 지위(full moral standing)을 부여해야 한다는 진화하는 철학적 견해(Jaworska, 2010)와 함께 새로운 도덕적 공동체를 장려하는 심리학과 철학의 강력한 잠재력을 보여준다. "문명이 발전할수록 중도(severe)의 장애를 가진 구성원들을 더 이해하고 소중히 여기며 건강하게 관계 맺을 것"(Perske, 1980)이라는 인식을 심어준다.

직업적 참여

안타깝게도 지적장애를 가진 대부분 사람은 직업 세계에서 한 직장을 찾는 데 어려움을 겪고 있다(Nord et al., 2013). 그러나 Collette Divitto 콜레트 디비토와 같은 예외도 있다. 잠재적 고용주들이 자신이 "적임자"가 아니라는 말을 반복적으로 하는 것에 좌절한 Divitto 디비토는 그 사람들이 틀렸다는 것을 증명하기로 결심했다. 그녀는 레시피를 완성하고 자신의 베이커리를 시작하여 처음에는 동네 시장(Kath, 2016)에서 그 다음에는 회사 웹사이트(www.

colletteys.com/)를 통해 전국적으로 쿠키를 판매했다. 그녀는 다른 장애인들을 위한 일자리를 창출했으며, 장애(disability)가 아닌 능력(ability)에 초점을 맞춘 사회 정의와 노동법 개선을 지지하고 있다. 그녀는 자신과 주변 사람들의 삶의 질을 향상시킨 새로운 삶의 방식을 찾은 개인의 모범 사례이다.

Collette 콜레트의 이야기를 듣고 장애가 심하지 않고 언어나 주의력 결핍에 의한 제한이 없는 사람들이 새로운 삶의 방식을 찾을 수 있다는 결론을 내리는 것은 자연스러울 수 있지만, 자신의 이야기를 하지 못하거나 자신의 관심사와 열망을 그야말로 이해받지 못하거나 전달하는 것이 불가능한 사람들도 있다. 이러한 문제를 해결하기 위해 Dennis 데니스(2002)는 비언어 사용자와의 의사소통을 촉진하는 전략(예: 눈맞춤, 정서적 편안함, 접촉, 상대방 표현의 해석에 대한 확인)과 가치(예: 그 사람은 할 말이 있고, 존중받아야 하며, 동등하다는 믿음)와 의사소통을 어렵게 만드는 몇 가지 방해물(예: 불신, 사람을 물건으로 취급, 두려움)을 조사했다. 개인적 친밀감, 공통의 관심사를 공유하려는 의지, 상호호혜성은 다른 사람들이 의사소통이 불가능하다고 생각했을 때에도 의사소통에 기여할 수 있다고 Dennis 데니스는 지적했다. 이러한 단계는 중도의 손상이 있는 지적장애인들이 새로운 삶의 방식을 찾는 데 도움이 될 수 있다. 제4장에서 설명한 바와 같이, 장애인들이 가치 있는 직원(valued employees)이 되도록 채용 절차와 직장 환경을 기꺼이 수정하는 고용주들은 신경다양성 운동의 새로운 모델들로 등장하고 있다.

은퇴의 경험

고용에서의 어려움과 역사적으로 평균 수명보다 짧은 수명은 과거에 전반적으로 고령 지적장애인의 은퇴에 대한 개념이 도외시되었던 것에 기여한 요소였다. 그러나 지적장애인들은 유급 노동력의 일원이든 다른 구조화된 일상활동에 참여하든, 나이가 들어도 의미 있는 활동을 통해 혜택을 누릴 수 있다. 생산성과 긍정적인 자기 인식은 고령 지적장애인의 정신건강에 기여하며, 연구자들은 은퇴, 지역사회 서비스 및 자원봉사와 같은 의미 있는 활동의 역할을 평가하기 시작했고(Fesko, Hall, Quinlan, & Jockell, 2012), 노후에 자기결정과 목적의식의 중요성(McDermott & Edwards, 2012)에도 주목하기 시작했다. 그럼에도 불구하고, 고령 지적장애인들이 은퇴 후 의미 있는 삶의 질을 찾으려면 적극적인 지원과 훈련(Wilson et al., 2010)은 물론 지역사회의 수용이 필요하다(Bigby, Wilson, Balandin, & Stancliffe, 2011).

삶의 마지막에 참여

지적장애인의 기대 수명이 증가함에 따라(Bittles et al., 2002; Patja et al., 2000), 부모보다 오래 살게 되고, 노화 및 삶의 마지막과 평범하게 연관된 질병 및 기타 신체 조건(예: 암, 심혈관 질환, 치매; Tuffrey-Wijne, Hogg, & Curfs, 2007; Wiese et al., 2012)을 경험할 가능성이 높아진다. 과거 연구에서는 사별과 죽음에 대한 대처를 중점적으로 다루었지만, 삶의 마지막에 가까워지는 지적장애인의 삶의 질에 대한 관심은 덜 집중되어 왔다. 이는 지원 스태프 대상 훈련의 필요성(Wark, Hussain, & Edwards, 2014)과 고령 지적장애인의 신체 또는 정신 질환의 증상이 간과될 수 있는 가능성(Bishop, Robinson, & van Lare, 2013)에 대한 관심을 불러일으켰다.

다른 분야의 삶의 질 연구들에서 그랬듯이, 고령자는 자신의 삶을 계획하는 데 있어 완전한 파트너로서 참여해야 하며(Walsh, Heller, Schupf, & van Schrojensetein Lantman-de Valk, 2001), 삶의 질 영역을 고려한 계획을 세워야 한다(Reilly & Conliffe, 2002). 흥미롭게도, 조사자들이 고령 지적장애인들에게 삶의 바람에 대해 질문한 결과, 삶의 질 관련 다른 연구에서 밝힌 것들과 거의 유사하게 나타났다. 그들은 권한 부여, 적극적 참여, 안전과 보안, 기술 및 학습, 건강과 체력, 만족스러운 관계, 좋은 거주 환경 및 지원을 원했다(Buys et al., 2008). 고령자들에게 사회적 네트워크 축소의 위험은 현실이지만(Bigby & Knox, 2009), 지적장애인이 의미 있고 생산적인 삶을 유지하면서 건강하게 나이를 먹을 수 있다는 증거가 있는 것이다(Dew, Llewellyn, & Gorman, 2005).

지적장애를 가진 대부분 사람은 삶의 마지막 돌봄을 위해 지원이 제공되는 지역사회 환경에 남아 있지만, 일부 고령 지적장애인들은 다양한 의료적 조건으로 인해 양로원이나 다른 돌봄 시설에 입소하게 된다(Patti, Amble, & Flory, 2010). 이들 중 불균형적으로 많은 수가 상대적으로 젊은 연령에 입소하여 다른 거주자와의 관계 형성에 어려움을 겪을 수 있다(Pierce, Kilcullen, & Duffy, 2018; Thompson, Ryrie, & Wright, 2004). 이러한 기관들은 건강과 안전 문제에 초점을 맞출 수 있기 때문에 가족들은 잠재적인 사회적 고립과 과거의 관계의 상실에 대한 우려를 표현하여 왔다(Webber, Bowers, & Bigby, 2014). 연구에 따르면, 서비스 및 지원의 전환을 위한 신중한 계획과 고령의 지적장애인과 그 가족이 의사결정에 참여하는 것이 중요하다는 사실이 밝혀졌다(Bigby, Bowers, & Webber, 2011). 삶의 마지막 돌봄을 위해 제안된 모델 중 하나는 고령 지적장애인과 치매 및 말기 질환과 같은 다양한 요구가 있는 고령자를 위해 전문화된 프로그램이다. Forrester-Jones포레스터·존스와 그의 동료들(2017)은 지적장애인을 위한 완화 및 삶의 마지막 돌봄을 제공하기 위해 고안된 프로그램을 평가한 결과, 사회적 네트워크는 작았지만 의료적 삶의 질이 우수하고 개인의 선택권이 높으며 지원이 잘 이루어지고 있는 것으로 나타났다.

집에 거주하든 시설에 거주하든 지적장애인도 질병과 삶의 마지막 돌봄에 관한 의사결정에 참여할 때 지원을 받을 수 있다. 전문 간호사 및 기타 지역사회 지원 전문가는 가족 구성원과 협력하여 지적장애인들의 노화 과정을 이해하고, 주요 의료적 문제를 이해하며, 치료를 받거나 중단하는 것을 포함하여 의료적 절차에 대한 자신의 요구를 말할 수 있도록 함으로써 삶의 질을 향상시킬 수 있다(Tuffrey-Wijne, 2013).

5장의 마무리

David Matsumoto 데이비드 마츠모토(2000, p. xxiii)는 다음과 같이 말했다. "아프리카인이든 유럽인이든 아시아인이든, 동성애자든 이성애자든, 장애를 가지고 살든 그렇지 않든, 더 나은 삶의 질을 추구하고 그것을 위해 노력하는 것은 우리 모두의 목표이다. 이러한 노력은 모든 노력 중에서도 가장 인간적이다." 지역사회 서비스와 지원이 부상하면서, 삶의 질은 지적장애인, 가족, 서비스 제공자 및 연구자 모두를 지적장애인의 삶의 경험을 향상시키려는 목표를 가지고 한데 모이게 하는 초점이 되었다. 지역사회 프로그램은 삶의 질 향상을 촉진하는 것이 그들의 역할이라고 생각했고, 연구자들은 삶의 질을 개념화하고 측정하는 새로운 방법을 개발하기를 시도했다. 삶의 질은 개별적이고 개인적이며 권한을 부여하는 것이고, 다른 누구에게나 마찬가지로 지적장애인에게도 중요하다는 것이 분명해졌다. 삶의 질에 기여하는 요인으로는 옹호, 지역사회, 문화 및 삶의 경험의 미적 특성이 있다.

삶의 질이 향상됨에 따라 장애인들의 기대 수명이 늘어나면서 노화와 그에 따른 건강 관련 문제가 새롭게 주목받고 있다. 따라서 지금까지는 중도 장애를 가진 영아를 중심으로 삶의 마지막에 대한 논의가 이루어졌지만, 늘어난 기대 수명에 걸맞게 고령화된 지적장애인을 위한 지원과 삶의 마지막 계획에 대한 필요성이 증가하고 있다. 옹호자들과 지원 서비스는 고령 지적장애인들의 노화 과정에 대한 이해를 촉진하고, 고령자들의 사회적 네트워크와 의미 있는 활동을 유지하며 자신의 삶을 통제할 수 있도록 지원하는 것이 중요하다. 삶의 질 운동의 궁극적인 유산은 잘 나이 들고 결국에는 존엄하고 품위 있게 죽는 세대가 되어야 하는 것이다.

제**6**장

지원 운동:
새로운 공동체 구축

제1장에서 언급했듯이 Throne쓰론(1972)은 사람들을 특별한 존재로 표찰하는 대신 왜 환경을 특별하게 만들 수 없는지 질문하였다. 장애를 전적으로 개인에게 돌리는 경향을 넘어서는 한 가지 방법은 가정과 지역사회의 활동에 더 많이 참여할 수 있도록 지원하는 환경을 제공하는 것이다. 그러나 안타깝게도 지적장애인들은 활동 참여가 삶의 질을 나타내는 중요한 지표임에도 불구하고(Felce, 200) 참여 기회가 제한적인 경우가 많다(Emerson & Hatton, 1996). 이 장에서는 지원 패러다임에 대해, 그것의 의미와 지적장애 개념과의 관계를 포함해 살펴보며, 지원을 제공하는 데 있어서 지역사회와 문화의 역할을 탐구해 본다. 이는 궁극적으로 새로운 도덕적 공동체와 지적장애인의 유산에 기여할 수 있을 것이다.

지원의 의미

간단히 말해, 지원은 개인의 성장과 발달, 이익 및 안녕(well-being)을 증진하는 데 필수적인 자원과 전략이다(Rapley, 2004). Mostert모스터트(2016)는 지원의 세 가지 측면을 다음과 같이 밝혔다: 개인의 바람과 지원 요구, 지원의 일상적인 제공 그리고 지원의 효과에 대한 평가. 다르게 설명하면, 환경이 개인의 요구와 바람에 반응적이고, 그 결과가 일상생활의 다양한 사건들에 향상된 참여를 의미할 때 지원이 실재하는 것이다.

지원 및 지적장애의 사회적 구조

지적장애를 이전의 "결함"(defect) 개념과 구별되는 구조로 생각할 때, 우리는 이를 개인과 환경적 맥락 간의 관계가 반영된 다차원적 기능성의 한 상태(a multidimensional state of functioning)로 볼 수 있다(Wehmeyer et al., 2008). 따라서 장애는 개인 내부에 있는 특성이 아니라 개인과 환경 간의 상호작용을 반영하는 것이다(World Health Organization, WHO, 2001). 신체 구조와 기능, 개인 활동 및 참여를 포함한 개인의 생활 활동을 포함하는 인간 기능성(WHO, 2001)이라는 용어를 사용하여 Wehmeyer웨마이어와 그의 동료들(2008)은 개인과 환경 간의 조화를 촉진하는 지원의 역할을 보여주었다. 장애에 대한 기능적 정의는 실용주의 철학과 일관적인데, 그것은 진리를 맥락과 사건에 기반하여 생각(ideas)에 일어나는 그무엇으로 보며(James, 1907/1995), 인간 행동을 한 환경 속에서 기능하는 한 전체 유기체의 부분으로 본다(Dewey, 1896). 따라서 능력(ability) 또는 장애(disability)는 단순히 개인 자신의 내재된 한 부분이 아니라 개인들과 그들의 맥락 간의 상호작용에 관한 것이다.

Wehmeyer웨마이어와 그의 동료들(2008)이 논의한 접근 방식은 미국 지적장애 및 발달장애 학회(Luckasson et al., 2002; Schalock et al., 2010)에서 개발한 한 모델에 기초하고 있으며, Arnold아놀드,

Riches 리치스, Parmenter 파멘터와 Stancliffe 스탠클리프(2009)가 한 층 더 탐구한 결과이다. Arnold 아놀드와 그의 동료들은 지원을 개인과 환경적 맥락 사이의 접점(interface)으로 개념화했다. 그래서 다양한 형태의 지원에는 개인과 환경 간의 연결 또는 적합성(fit)을 증진하려는 목적을 가진 사람들(가족, 친구, 지역사회 구성원, 전문가), 옹호활동, 교육, 기술 지원(예: 보조기기, 컴퓨터 텍스트 리더), 재정 및 교통수단이 포함된다. 이는 결과적으로 더 많은 지역사회 참여를 가능하게 한다. 개인별 지원계획(individual supports planning)는 개인 중심 과정이며, 삶의 질 향상이라는 목표 아래에 목표 설정, 자원 선택 및 전략 개발이 포함된다(Herps et al., 2016).

개인과 환경 간의 관련성 평가는 일탈(deviance)에 기초한 표찰을 요구하지 않는다. Dewey 듀이(1922)는 모든 인간 활동은 사람과 환경 간의 상호작용이라고 주장했고, Arnold 아놀드, Riches 리치스와 Stancliffe 스탠클리프(2011)는 지적장애든 신체적 장애든 지원 요구의 평가가 기존의 진단적 노력을 대체할 수 있다고 제안했다. 장애를 개인과 환경 간의 상호작용에 놓고 보는 것은 지원을 효과적으로 배치할 수 있을 뿐만 아니라 지적장애인이 무능하다는 추정(Dorozenko, Roberts, & Bishop, 2015)과 지적장애인의 평생 정체성의 한 측면이 되었던 낙인을 완화하는 데에도 도움이 될 수 있다(Beart, Hardy, & Buchan, 2005). 이러한 낙인과 관련된 고정관념을 줄이면 일반 인구가 장애인에 대해 보다 긍정적인 인식을 갖게 될 것이다.

사회적 지원 및 사회적 헌신

지적장애 아동 및 청소년의 부모는 높은 수준의 스트레스에 취약하며(Patton et al., 2016), 이러한 상황은 자녀에게 부정적인 양육 행동과 그에 따른 적응의 어려움을 초래할 수 있다. 이러한 결과는 사회적 지원을 포함한 여러 심리적 자원을 통해 완화될 수 있다(Hastings, 2002). 사회적 지지는 위기를 관리 가능한 것으로 보는 부모의 능력과도 관련이 있으며(Hedov, Anneren, & Wikblad, 2002), 부모에 대한 정서적 지원은 가족의 삶의 질 향상과도 관련이 있다(Cohen, Holloway, Dominguez-Pareto, & Kuppermann, 2014). 사회적 지원은 지원 없이는 정신질환을 경험할 가능성이 훨씬 더 높은 성인 지적장애인의 스트레스 관리에도 중요하며(Scott & Havercamp, 2014), 적극적 지원은 심각한 손상을 가진 지적장애인의 삶의 질의 좋은 예측 변수이다(Beadle-Brown et al., 2016).

Asmus아스머스와 그의 동료들(2017)이 비장애학생과의 사회적 접촉과 우정을 증진시키기 위해 개별화된 사회적 네트워크를 사용하는 한 프로그램에서 찾아냈듯이, 또래는 심각한 손상을 가진 지적장애 학생들에게 상당한 지원을 제공할 수 있다. 동료 지원을 포함한 사회적 지원은 학령기 후 고용으로 전환을 하는 초기 성년기 지적장애인에게도 도움이 되는데(Axel & Beyer, 2013), 그것은 헌신적인 가족 구성원의 지원을 받아 자신들의 권리를 행사하는 사람들에서 그런 것과 같다(Hillman et al., 2012). 학교 졸업 후 전환기의 지원 요구는 의료적 및 행동적 문제가 있는 경우 증가할 수 있으며, 이러한 요구는 건강과 안전, 가정생활 및 지역사회 생활의 다른 지원 영역으로 확산될 수 있다(Seo et al., 2017).

　지원은 개인중심적(person-centered)이어야 한다는 개념에 따라 연구자들은 전 생애에 걸쳐, 특히 삶의 마지막에 지원 요구가 변화한다는 사실을 인식하였다(Moro, Savage, & Gehlert, 2017). 또한 개인이 자신의 지원 계획을 개발하고 평가하는 데 참여하는 것이 필수적이다(Herps, Buntinx, & Curfs, 2013). 이 때문에 지원적인 사회적 환경은 지적장애인 개인의 회복탄력성(resilience)과 관련이 있으며(Hall & Theron, 2016), 재정적 결정과 같은 개인적인 선택을 포함한 다양한 활동에서 독립적으로 참여할 수 있는 기회와도 관련이 있다(Stancliff & Lakin, 2007).

　앞에서 살펴본 바와 같이 다양한 연구에서 공통된 주제를 반영하고 있다. 효과적인 지원을 위해서는 가족, 또래, 학교나 사회 기관 직원의 헌신뿐만 아니라 재정 지원 기관과 정부의 헌신도 필요하다. 예를 들면, 자금이 점점 더 개인별로 분배됨에 따라 필요한 지원을 제공하기에 적절할 뿐만 아니라 개인의 요구에 맞게 자원이 공정하게 배분되는 것이 중요해진다(예: Stancliffe, Arnold, & Riches, 2016). 이러한 방식으로 장애인들이 가정과 지역사회의 활동에 완전히 참여하고 사회에 기여하는 구성원으로서 가치를 인정받을 수 있는 기회가 증가할 수 있다.

지원 및 지역사회: 참여의 보장

지역사회에서 의미 있는 삶의 필수적인 부분은 개인중심계획 (person-centered planning) 수립의 핵심 요소인 개인의 열망을 파악할 수 있는 기회와 능력이다(O'Brien & O'Brien, 2002). 또한 지역사회가 개인의 권리와 선택을 존중하고(Glicksman et al., 2017), 일상생활 활동에 의미 있게 참여할 수 있는 기회를 강화하는 것이 필수적이다(Thompson et al., 2009).

개인적 목표와 계획하기

기존 서비스 전달 체계에 장애인을 맞추거나(예: Sanderson, 2000), 본인의 프로그램이나 지원을 설계하는 데 적극적인 역할을 하지 않고 단순히 수용하는 경우가 많았던 역사(Rose, 2003)를 뒤로 하고, 서비스 제공 방식은 보다 개인적이고 개별화된 접근 방식으로 변화해 왔다(Dowling, Manthorpe, & Cowley, 2007). 개인중심계획은 개인별 목표 설정 및 계획의 파트너로서 가족 및 그밖의 무급 지원자와 함께 지적장애인을 보다 핵심적으로 참여시키기 위한 목적으로 개발되었다(Stineman, Morningstar, Bishop, & Turnbull, 1993). 연구에 따르면 개인중심계획은 개인의 선택을 확대하고 친구, 가족 및 더 넓은 지역사회와의 접촉을 늘릴 수 있는 것으로 나타났다(Holburn et al., 2004; Robertson et al., 2006).

　최근 연구에 따르면, 개별화된 개인중심계획은 개인적 성과(즉, 개인적 목표의 성취)의 증가뿐만 아니라 목표 지향적 지원의 증가(Gosse, Griffiths, Owen, & Feldman, 2017) 및 자기결정(Wehmeyer & Bolding, 2001)과도 관련이 있는 것으로 나타났다. 개인중심계획에 내재된 목표 설정으로 촉진할 수 있는 개인적 성과 중에는 사회적 통합이 있지만, 이러한 효과는 충분히 개별화된 지원의 가용성에 달려 있다(McConkey & Collins, 2010). 또한, 개인중심계획은 목표 설정을 향상시키는 것을 독려하는 것 외에도 자존감과 행복감 향상에도 도움이 될 수 있다(Wigham et al., 2008). 개인중심계획에서는 개인이 자신의 열망을 반영하여 자신의 계획을 세우는 데 참여하고, 직원의 활동이 아닌 개인의 성취를 기준으로 계획을 평가하는 것이 중요하다(Lawlor, Spitz, York, & Harvey, 2013). 여기서도 앞서 지원에 대한 논의에서와 마찬가지로 진단의 가치[역자주: 장애표찰을 의미함]보다 본인의 요구를 우선시하는 것이 중요하다는 것을 알 수 있다(McElvaney, 2011). 마지막으로, 장애인들 개인이 자신의 계획에 참여하는 것뿐 아니라 필요한 지원의 제공에도 참여하는 것은 개인의 권리를 존중하고 유지하는 데 중요한 토대라는 점을 우리는 주목한다(Hillman et al., 2012).

권리와 선택에 대한 존중

미국에서는 장애인의 권리를 보호하기 위해 여러 연방법이 제정되어 있으며, 그 중 주목할 만한 법으로는 미국장애인법 및 장애인교육법(U.S. Department of Justice, 2009)이 있다. 모든 사람의 권리에 대한 국제적 인정은 세계인권선언(1948년), 정신지체인권리선언(1971년), 장애인권리선언(1975년)을 통해 이루어졌다. 장애인 권리 옹호자들의 오랜 노력 끝에 이러한 권리는 유엔장애인권리협약(CRPD, United Nations, 2006)에서 더욱 강화되었다. (흥미롭게도 미국은 이 협약에 서명했지만 비준한 적은 없다.) 협약의 조항을 검토하면서, Verdugo 버듀고, Navas 네바스, Gómez 고메즈와 Schalock 샬록(2012)은 이 협약이 개인의 요구뿐만 아니라 환경적 맥락과 지원을 포함함으로써 권리의 대의를 진전시킨다고 언급하였다.

유엔장애인권리협약(CRPD)에 명시된 권리 중에는 지역사회에서 생활할 권리, 사생활권 및 참여권이 있다(Megret, 2008). 연구자들은 장애인의 권리에 대한 체계적인 모니터링의 중요성과(Tichá et al., 2018), 권리가 지적장애인의 삶의 질에 미치는 중요한 기여를 인정해 왔다(Schalock & Keith, 2016c). 지원은 삶의 질 향상(예: Schalock et al., 2010)과 지적장애인의 권리 행사에 필수적인 요소이다(AAIDD, 2015). 따라서 사람들이 일상생활의 환경들—예: 가정, 학교, 지역사회, 대인관계 및 직업—에서 정당한 역할을 수행한다고 간주한다면, 그들은 그러한 참여를 가능하게 하는 지원이 요구

된다(그리고 지원에 대한 권리가 있다)(Buntinx, 2016).

참여할 기회

Stancliffe스탠클리프와 그의 동료들(2016)은 지역사회 지원의 한 예로 학교의 교통수단을 사용했다. 장애학생들은 종종 비용이 많이 드는 분리된 교통수단을 이용하지만 Haveman해브맨과 그의 동료들(2013)의 보고에 따르면 적절한 훈련을 받으면 많은 학생이 일반 대중교통을 통해 더 적은 비용으로 독립적으로 통학할 수 있다고 지적했다. 분리된 서비스는 장애를 조장할 수 있는 반면, 보다 독립적인 옵션은 지역사회 참여, 자율성 및 참여를 촉진할 수 있다. 또한 지역사회의 지원을 받을 수 있는 경우 비용이 적게 드는 선택이 더 바람직할 수 있다.

자연적 지역사회 지원(natural community support)의 가치의 또 다른 예로, Lee리와 그의 동료들(1997)은 사내 멘토가 지적장애를 가진 근로자에게 제공하는 직무 교육이 외부 직무지도원이 제공하는 교육보다 다른 근로자와 더 많은 사회적 상호작용을 가져온다는 사실을 발견했다[역자 주: 자연적 지원에 대해, 박승희, 홍정아(2009) 참조].* 이 결과는 평범한 사회적 관계와 지역사회 참여를 촉진하는 데 있어 "자연적" 지역사회 지원에 대한 의존의 잠재적 장

---

* 박승희, 홍정아(2009). 통합교육 환경에서 자연적 지원: 개념화와 적용에서의 쟁점. 특수교육학연구, 44(1), 49-83.

점을 시사한다. 이 점은 지역사회 주거기관에 거주하는 많은 성인이 특히 유급 직원과 다른 지적장애인들 외에는 매우 작은 사회적 네트워크를 가지고 있다는 사실을 발견한 Robertson로버트슨과 그의 동료들(2001)의 연구와 같은 맥락에서 중요한 의미를 가진다. Thomson톰슨과 그의 동료들(2009)은 지원의 역할을 개념화할 때 서비스 계획과 지원 계획을 구분한다. 지원 계획의 역할은 현재가 무엇인가(개인과 생활환경 사이의 불일치)와 무엇일 수 있는가(개인이 가치있다고 보는 경험과 기회) 사이의 간극을 메우는 데 필요한 자원을 파악하여 참여를 보장하는 것이라고 설명했다. 따라서 개인은 주거 서비스를 받지만 지역사회 통합이나 관계 형성의 목표를 달성하지 못할 수도 있는데, 이는 적합한 지원 계획을 통해 개선될 수 있는 한 결손이다.

일반적으로 많은 지역사회 기관에서 일반 고령자에게 서비스를 제공하지만, 지적장애를 가진 고령자는 이러한 서비스를 자주 받지 못할 수 있다(Buys & Rushworth, 1997). 따라서 적합한 지원을 위한 계획은 특히 지역사회의 다른 고령 거주자에 비해 사회적 연결 수준이 낮을 가능성이 높다는 점에서, 이러한 개인에게 더욱 중요할 수 있다(McCausland, McCallion, Cleary, & McCarron, 2016). 연구에 따르면, 지적장애 고령자(및 그들의 돌봄제공자)는 사회적 네트워크를 유지 및 강화하고 살던 곳에서 노후를 보낼 수 있는 지원을 원하는 것으로 나타났다(Shaw, Cartwright, & Craig, 2011). 학생이나 일하는 성인과 마찬가지로 고령 장애인도 지역사회에 참여할 수 있는 평범한 기회와 그러한 참여에 따른 존엄성과 존중을 가능하게 하는 종류의 지원을 원할 뿐이다.

문화 및 지원

지원을 포함한 자원의 가용성은 문화에 따라 매우 다양하다. 마찬가지로 문화권마다 장애, 건강, 행복, 자아에 대한 이해 및 지적 장애인에 대한 지각과 그들의 삶의 질에 기여하는 다른 구조(other constructs)에 대한 관점이 다르다. 그럼에도 불구하고, 지원 요구와 지역사회에서 의미 있는 역할을 하고자 하는 사람들의 바람은 보편적이다.

문화적 이해

한 문화에서 장애인이 경험하는 사회적 통합(social inclusiveness)의 정도는 그 문화가 건강한 지역사회, 장애에 대한 낙인(disability stigma) 그리고 더 많은 참여 기회를 지원하는지 여부를 결정하는 데 중요한 역할을 한다(Mpofu et al., 2018). 연구자들은 오랫동안 장애인 통합과 참여에 대한 태도가 문화 집단에 따라 다르다는 사실을 알고 있었다(예: Thomas, 1957). 예를 들면, Sheridan셰리단과 Scior씨어(2013)는 영국의 젊은 남아시아계 사람들이 영국 백인보다

장애인에 대한 사회적 통합을 지지할 가능성이 낮다는 사실을 발견했다. 캘리포니아의 모성 태도에 대한 연구에서 Blacher블래처, Begum베굼, Marcoulides마쿨리드와 Baker베이커(2013)는 라틴계 어머니들이 지적장애 자녀의 존재로 인한 긍정적인 효과를 백인(Anglo) 어머니들보다 더 높게 보고한다는 사실을 발견했다. 세계보건기구(WHO) 국제기능장애건강분류(2009)에서는 장애가 보편적인 인간의 경험이라고 주장하지만, 장애라는 개념은 문화에 기반한 부정적인 사회적 의미를 전달하는 경우가 많다(Lawson, 2001).

문화적 맥락이 없을 때 오해하기 쉬운 장애 개념에 대한 논의에서 Mpofu음포푸와 그의 동료들(2018)은 다음과 같은 사실을 밝혔다:

- 장애 경험의 보편성. 전 세계 인구의 약 15%가 장애를 가지고 있으며, 대다수의 장애는 겉으로 드러나지 않는다.
- 장애 정체성. 사람들은 장애인을 주변화시키거나 배제하지 않는 문화에서 스스로 자신을 장애를 가진 것으로 판별할 가능성이 더 높다.
- 장애에 대한 문화적으로 다양한 관점. 지역사회 참여나 자율성에 대한 문화적 관점 외에도 장애에 대한 태도가 종교, 의료적 실제에 대한 신념 및 문화적 신화(myths)와 전통과 얽혀 있는 정도는 문화마다 다르다.

나아가, 태도는 특정 문화 간, 문화 내 소수 민족 집단 간(Scior,

Addai-Davis, Kenyon, & Sheridan, 2013)뿐만 아니라 수평적 및 수직적 집단주의, 개인주의의 차원에 따라 다양하다(예: Ditchman et al., 2017). 또한 일부 문화권에서는 장애를 분류하거나 설명하는 언어가 없으며, 개인을 다른 존재로 구분하는 것이 아니라 단순히 집단의 일원으로 생각하고 집단의 삶에 좋은 것이 개인에게도 좋다고 생각한다(Pengra, 2000). 분명한 것은 지적장애인에 대한 관점과 그들의 요구는 다른 문화적 집단에 의해 다르게 이해된다는 것이다.

지원과 문화적 가치

연구자들은 다양한 사회에 존재하는 바람직한 목표와 실제에 대한 문화적 관점을 연구해 왔다. 한 문화의 구성원들이 집단적으로 옳고 선하다고 생각하는 것을 가치(values)라고 한다(Matsumoto & Juang, 2013). 가치는 한 문화권 내에서 지적장애인을 바라보는 시각에 영향을 미칠 수 있으며, 개인이 필요로 하거나 받는 지원의 종류에 영향력을 줄 수 있다. 문화적 가치를 분석하는 가장 널리 알려진 접근 방식은 Hofstede 홉스테드(2001)가 설명한 일련의 차원들의 집합이다. 이러한 차원에는 개인주의-집단주의, 권력 거리(power distance), 남성성-여성성, 불확실성에 대한 회피, 장기 지향성(long-term orientation)이 포함된다. 이 중 개인주의-집단주의가 가장 빈번하게 연구되고 있으며, 이것은 지적장애인들을 위한 지원의 맥락에서 가장 큰 관심의 대상이 된다.

개인주의-집단주의는 문화적 환경에서 개인 또는 집단의 이익이 어느 정도 우세한지를 반영하는 문화적 차원이다(Keith, 2012). 강력하게 개인중심적인 프로그램에서의 지원의 제공은 일종의 개인주의적 관점의 반영으로 보여질 수 있다. 예를 들면, 개개인이 원하는 방식에 가능한 한 가깝게 개인적인 선택과 삶을 지원하는데 헌신하는 주거 환경들에서 지원이 그러하다(예: Bigby & Beadle-Brown, 2016). 반면에 보다 집단주의적인 관점에서는 집단의 안녕을 강조하는 것으로, "사람들에게 좋은 것은 그[지적장애를 지닌 개인]에게도 좋을 것으로 생각하는데, 그가 공동체의 부분이기 때문이다."라는 Lakota라코타의 견해로 제안된 것과 같은 것이다(Pengra, 2000, p. 193). 집단주의 문화에서 가족이나 집단의 지원(개인의 노력이나 책임에 반대되는)은, 그 지원이 문화적 낙인으로 야기되는 체면 상실과 스트레스로 인해 상쇄될 수 있음에도 불구하고 지적장애인의 돌봄제공자에게 중요하다(Chiu et al., 2013). 강력한 지원은 개인의 권리와 목표를 존중하고 옹호하는 동시에 한 집단 공동체의 일원으로서 개인의 참여와 복지를 증진하는 개인주의적 관점과 집단주의적 관점의 장점을 모두 구현하는 것이다. 이러한 의미에서 좋은 지원을 특징짓는 가장 중요한 문화적 가치는 지적장애인에 대한 강력한 긍정적 인식과 그들이 "우리와 같은"(like us) 개인이라는 (지원을 제공하는 사람들의) 지각일 수 있다(Bigby, Knox, Beadle-Brown, & Clement, 2015).

문화적 배경이 어떠하든, 지적장애인들의 삶은 모든 사람과 마찬가지로, 개인 차원에서 이루어진다. 따라서 우리가 완전한 집단 혹은 지역사회 참여의 목표 그리고 모든 시민의 가치를 진지하게 생각한다면, 지적장애인 각 개인의 수준에서 더 넓은 문화적 비전을 경험하는 것이 필요하다.

문화적 비전의 개별화

개인주의-집단주의와 같은 문화적 차원은 전 세계 사회를 연구하는 데 유용한 것으로 입증되었지만, 각자의 삶은 개인의 수준에서 살아가는 것이다. 그리고 그 수준에서는 문화적 가치에 대한 가정이 종종 잘못 받아들여질 수 있다. 개인주의 국가에도 많은 집단주의자가 살고 있고, 집단주의 국가에도 많은 개인주의자를 찾을 수 있다(Matsumoto & Juang, 2013). 따라서 개인 수준에서 사람들은 스스로를 다른 방식으로 바라볼 수 있다. 특히 연구자들은 어떤 사람들은 부모, 형제자매, 동료 학생, 동료, 친구와 같은 타인과의 관계에서 자신을 정의하는 반면, 어떤 사람들은 자율적이고 타인과 구별되는 독립적인 관점에서 자아를 발견한다고 지적하였다(Markus & Kitayama, 1991). 예를 들면, 사회적 몰입(social immersion)이 모든 사람이 열망할 수 있거나 열망해야 하는 목표(상호의존적 자아 인식)라고 가정하고 싶을 수도 있지만, 실제로 어떤 사람은 자신을 자율적인 존재로 여기고 더 고독한 활동을 선호할 수도 있다(독립적 자아 인식). 중요한 점은 지원을 제공하는 사람들이 지적장애인 본인의 바람에 민감하게 반응해야 한다는 것이다.

문화는 다른 방식으로도 개별화된다. 문화는 정부, 의료, 도시화, 지리적 지형, 인적 서비스 시스템, 교통, 종교 및 교육과 같은 특성에 따라 매우 다양하다. 예를 들면, Stancliffe 스탠클리프와 그의 동료들(2016)이 관찰한 바와 같이, 시골 지역에 거주하는 개인의 교통에 대한 요구(및 관련된 훈련)는 도시 거주자의 교통에 대한 요구와 상당히 다를 수 있다. 산간 농촌 지역에 거주하는 사람들은 서비스에서 고립될 수 있다. 마찬가지로, 특정 지역사회의 여가 기회나 의료 서비스 이용 가능 여부는 이러한 서비스를 이용하고자 하는 개인에게 필요한 지원에 영향을 미친다. 예를 들면, 의료의 영역에서 서구 문화권의 사람들은 현대의 생의학적 치료를 받을 가능성이 높지만, 다른 지역(예: 인도와 같은 힌두교 국가)에 거주하는 사람들은 전통적인 치유자로부터 치료를 받을 수도 있다(Gurung, 2011). 우리가 문화를 국가적 또는 국제적 규모로 자주 생각함에도 불구하고, 각 시민, 지적장애인 개인에게, 문화 그리고 그 문화가 제공할 수 있는 지원은, 종국에는 개인적인 사안이다.

6장의 마무리

지적장애를 단순히 개인의 불변하는 특성이 아니라 개인과 환경 사이의 불일치 또는 간극을 나타내는 지표로 간주한다면, 그 간극을 해소할 수 있는 환경적 맥락이 개인의 삶을 개선할 수 있다는 결론이 도출된다. 지원 패러다임의 목표는 그 간극을 해소하거나 최소한 줄히는 것이다. 지원에는 휠체어, 컴퓨터 장치, 건축 또는 신호의 수정과 같은 물리적 환경이 포함될 수도 있고, 훈련을 제공하거나 개인 또는 가사 업무를 보조하는 개인적 지원도 포함될 수 있다.

지원은 일종의 헌신을 나타낸다: 개인에게 필요한 지원을 지속하겠다는 사회적 헌신과 개인과 개인의 목표와 요구를 중심으로 한 요구 평가 및 계획 과정에 대한 헌신을 의미한다. 개인중심계획과 지원에 대한 헌신은 또한 개인의 선택권을 포함한 개인의 권리에 대한 헌신을 의미한다. 목표는 문화적으로 규범적이고 개인의 열망에 부합하는 방식으로 지역사회에서 개인의 참여를 강화하여, 지적장애인이 "……삶의 주류에서 평범한 동네의 평범한 집에 살면서 다른 시민과 동일한 선택의 폭을 가지고……" 사는 것을 보는 것이다(King's Fund Centre, 1980). 의미 있는 지원은 더 의미 있는 삶과 더 만족스러운 유산으로 이어진다.

제 7장

모범 사례:
잘 살아 낸 삶

점점 더 많은 지적장애인이 자신이 할 수 없는 것보다는 할 수 있는 것을 인정받고 있으며(Bérubé, 2010), 그들의 업적 중 일부는 정말 대단한 것이다. 그리고 다른 가족 구성원들과 마찬가지로 기쁨을 경험하고, 비극을 겪고, 웃고, 울고 그리고 추억을 만든다.

이 장에서는 지적장애를 가진 사람들이 자신의 기술, 훈련 및 결정을 바탕으로 주목할 만한 공헌을 하고 있는 몇 가지 방법과 그들의 업적에 도움을 준 지원에 대해 설명한다. 이 장에는 또한 주목받지 못하지만 가족과 친구들의 따뜻한 응원 속에서 묵묵히 자신만의 유산을 만들어가고 있는 사람들의 이야기도 담겨 있다. 이 사람들은 그 과정에서 주변 사람들의 존중을 받으며 품위 있는 삶을 살아왔다.

나를 내 이름으로 불러주세요: 존엄과 존중

Wolfensberger 울펜스버거(1988)는 지적장애를 가진 사람들이 주로 가지고 있는 친사회적 특성, 혹은 "재능"(gift, 예: 기쁨, 신뢰, 자발성)이 결손 지향(deficit orientation)에 근거하여 지각하는 사람들에 의해 너무 자주 간과된다고 주장하였다. Wolfensberger 울펜스버거(1983, 2011)는 우리가 사람을 가치 있게 여기는 방식은 그들의 사회적 역할과 관계를 어떻게 인식하는지에 따라 달라지며, 장애인을 위한 가치 있는 사회적 역할을 만들고, 지원하고, 옹호하는 것이 우리의 목표가 되어야 한다고 주장하였다. Wolfensberger울펜스버거(2000)는 사회적 역할이 사회에서 한 사람에게 자리를 부여하고 다른 사람과의 관계를 정의하기 때문에 중요하다고 주장하였다. Wolfensberger울펜스버거(2011)는 가치(value) 혹은 값어치(worth)로서 valor의 의미로부터, 이 개념을 사회적 역할 강화의 원칙(social role valorization)이라고 명명하였다[역자주: Dr. Wolfensberger는 그의 이론을 초기엔 정상화 원칙(principle of normalization)으로 명명하였으나 나중에 개칭함; 가치를 부여한다는 뜻의 valorization 용어의 의미로부터 social role valorization이라 개칭한 것인데 지적장애인에게 가치있는 사회적 역할의 부여와 강화의 중요성을 강조함; '사회적 역할 강화의 원칙'으로 번역해 사용]. 사회적 관계의 그물망에서 사람들이 어떻게 인식되는지는 우리가 그들을 얼마나 가치 있게 평가(또는 저가치화)하는지에 중요한 역할을 하며, 이는 다시 사람들에게 어떤 다른 사회적 재화(social goods)가 제공되는지를 결정하는 데 도움이 된다. 예를 들면, 지적장애를 가진 사람을 동료, 동반자, 이웃, 정치 참여자, 납세자 및 기타 지역사회의 적극적인 구성원으로 본다면, 우리는 그들을 더 가치 있게 여기고 모든 사람에게 필요한 지원, 우정 및 기타 사회적 재화에 접근할 수 있다고 볼 가능성이 더 높다. 이러한 방식으로 사람들을 바라보는 것은 또한 우리를 진정한 정의와 도덕성의 방향으로 나아가게 한다(Wolfensberger, 2000).

평범한 사람, 비범한 캐릭터

점점 더 많은 현대 문화에서 장애인들의 가치(the value, the valor)를 인정하고 사회에서 그들이 수행하는 역할을 인정하고 있다. 제5장에서 설명한 대로, 지적장애 여성인 Collete Divitto콜레트 디비토는 베이커리를 열어 쿠키를 전국적으로 판매하기 위해 사업을 확장하는 데 성공했다(Sholl, 2016). 그녀는 여러 고용주로부터 거절당한 후 동네 시장의 지원을 받아 자신의 기술을 사회적으로 가치 있는 역할로 전환하고 자신의 사업을 만들었으며 그 과정에서 다른 사람들을 위한 일자리도 창출하였다.

올리 웹(Ollie Webb)

또 다른 인내심 강한 여성인 Ollie Webb올리 웹은 대공황기에 태어났으며, 40대가 되어서야 지역사회 기관으로 옮겨지기 전까지는 대규모 지적장애인 거주시설에서 수년간 생활했다. 그곳에서 그녀가 열악한 양로원 지하에서 자유가 제한되고 감독을 제대로 받지 못하는 직무에 종사하고 있는 것이 지역사회복지사 Tom Miller톰 밀러에게 발견되었다. Tom톰은 Ollie올리가 동거인이 있는 아파트로 이사할 수 있도록 지원책을 마련하고 쇼핑과 요리 등의 업무를 도와주는 지원 스태프를 배치하는 데 도움을 주었다(Webb, 2002). Ollie올리는 바느질, 요리, 대중교통 이용, 다양한 지역사회 행사에 참여하는 방법을 배우며 지역사회에 활발하게 참여하게 되었다.

Ollie올리는 결혼을 했다가 몇 년 후 이혼을 한 후, 다른 사람들에게 요리와 기타 생활 기술을 가르치기 위해 집에 들이고 지원하였다. Ollie올리는 17년 동안 샌드위치, 수프, 샐러드와 같은 다양한 음식 준비 작업을 하는 직업을 가졌다. Ollie올리는 부동산 소유주가 되었고 장애인들의 권리와 기회를 옹호하는 데 앞장섰다. 심근경색으로 강제로 은퇴해야 했지만, Ollie올리는 한때 대규모 주립 거주시설에 함께 살던 딸과 좋은 관계를 유지하며 만족스러운 삶을 이어갔다.

옹호활동가로서 Ollie올리는 Tom톰과 다른 사람들의 지원을 받아 자기옹호단체의 회장으로 활동하며 "내 사람들"(my people)이라고 부르는 사람들을 위한 강력한 목소리로 자리매김했다. Ollie올리는 자신의 옹호 활동에 대해 이야기하면서 "저는 사람들이 원하는 것이 무엇인지 알아내고 그것을 얻을 수 있도록 돕습니다. 저는 그들이 스스로를 도울 수 있도록 가르치려고 노력합니다. 또한 대중 연설도 하고 있습니다. 저는 컨퍼런스와 회의에 가서 대중에게 연설합니다."(Williams & Shoultz, 1982, p. 41). Ollie올리는 스스로 말할 수 없는 사람들을 대신하여 발언하는 자신의 능력을 자랑스러워했다. 그녀의 리더십 덕분에 그녀는 주 전체 대회뿐만 아니라 미국과 영국 전역의 다른 모임에서도 연설할 수 있었다(Webb, 2002).

   1998년, 그녀의 고향인 오마하에서 다양한 옹호활동, 교육 및 지원 서비스를 제공하는 지역사회 센터(community resource)인 올리 웹 센터(Ollie Webb Center)가 설립되면서 Ollie Webb올리 웹의 유산이 재조명되었다. 궁극적으로 이 특별한 사람은 목소리를 필요로 하는 사람들을 대변하는 사람으로, 평범한 사람으로 기억되기를 원했다: "저는 여러분과 똑같습니다. 저도 이름이 있으니 여러분 모두가 제 이름을 불러주길 바랍니다"(Webb, 2002, p. 57).

   그러나 많은 지적장애인은 평범한 지역사회에서 직장이나 학교에 다니고 가족 및 친구들과 시간을 보내며 조용히 살아간다. Perske퍼스키(1980, p. 73)는 장애를 가진 사람들의 지역사회 통합에 대해 논의하면서 다음과 같이 언급하였다.

> 처음에는 그들을 매우 대수롭게 여겼지만, 세상이 변화함에 따라 대부분의 사람은 그들을 전혀 대수롭지 않게 바라볼 것이다. 발달장애를 가진 사람들을 수용하는 것이 너무나 당연한 일이 되어서 왜 이렇게까지 오래 걸렸는지 의아해할 것이다.

랜디 벨(Randy Bell)

Randy랜디는 27세의 남성으로 어렸을 때 입양되어 세 명의
형과 두 명의 동생이 있는 가정에 입양되었다. 평생을 고향에
서 살아온 그는 현재 지역 기관의 지원을 받고 있으며, Randy
랜디와 기관의 재정적 지원을 받는 청년 룸메이트가 함께 사는
확대가정(extended family home)에서 주거 지원을 받고 있다.
Randy랜디는 직장에 차로 데려다주고 기타와 키보드 연주를
함께 하는 천생연분인 룸메이트와 함께 그의 집에서 생활하는
것을 좋아한다. 가끔 다른 음악가 친구 두 명과 함께 지내기도
한다.

Randy랜디는 5년 동안 기관의 지원을 받아 서류 정리, 문서 코
팅, 문서 파쇄 및 기타 사무보조 업무를 하는 사무보조원으로
일해 왔다. 그는 직장과 가정 모두에서 공동체 의식을 느끼고
있으며, 기관으로부터 받은 지원이 "나를 더 나은 사람으로 만
들어 주었다."라고 말한다. 어렸을 때 홈스쿨링을 받은 Randy
랜디는 고등학교 시절에는 홈스쿨링과 공립학교를 병행했다. 또
한 지역의 커뮤니티 칼리지에서 수업을 들었는데, 가장 좋아하
는 수업은 미국 역사였다. Randy랜디는 워싱턴 D.C.에 여행간 적
이 있는데, 특히 책에서 읽었던 유적지를 방문할 수 있는 기회가
좋았다고 했다. TV를 볼 때는 특히 다큐멘터리를 좋아한다.

Randy랜디의 부모님은 근처에 살고 있었고, Randy랜디와 그

의 형제자매들은 부모님 댁에 자주 모여 가족 식사를 한다. 그
는 또한 지역사회의 여러 친구와도 연락을 주고받는다. Randy
랜디는 "저시력" 장애가 있지만 자신과 룸메이트를 위해 요리하
는 것을 좋아하며 다양한 요리를 실험하는 것을 즐긴다고 말한
다. 자신의 요리 기술에 대해 이야기할 때 그의 자신을 깎아내
리는 유머 감각이 드러난다: "저는 전자레인지를 잘 돌려요!"
Randy랜디의 유머 감각은 농담과 수수께끼를 좋아하는 것에
나타나고 "내 농담은 대부분 엉터리"라고 인정하는 모습에서
도 잘 드러난다.

　Randy랜디는 자신이 어떻게 기억되고 싶은지에 대해 이야기
하면서 그는 자신이 동물 애호가(사랑하는 혈기왕성한 고양이가
있음), 친구들과 함께 모여 연주하는 것을 좋아하는 음악가, 누
군가와 대화가 필요한 사람에게 든든한 친구라고 말했다. 아마
도 가장 중요한 것은 사람에 대한 깊은 관심이며, 세상이 어디
로 가고 있는지 걱정하지만 모든 사람은 선한 능력을 가지고 있
다고 믿는다고 말한다. 이를 위해 그는 "하루하루 최선을 다한
다."라고 말한다.

워커 브라운(Walker Brown)

　Walker Brown워커 브라운은 여러 신체적 장애를 일으키는 선
천성 희귀 질환인 심부정맥피부증후군과 자폐증을 가지고 태

어났다(예: Niihori et al., 2006). Walker워커는 평생 동안 개인적 돌봄, 이동, 의사소통에 있어 상당한 지원이 필요했으며(Miki, 2017), 3세가 되었을 때 그의 의료 기록은 10페이지에 달했다(Brown, 2009). Walker워커는 끙끙 앓는 소리나 팔꿈치로 치는 것으로 의사소통을 하며, 아버지에 따르면 14세 당시에는 10살 정도로 보였고 2~3세 아동의 전형적인 인지능력을 가지고 있었다(Brown, 2011).

Walker워커의 아버지는 경관 급식[역자주: 삽입된 관을 통한 음식물 섭취, tube feeding], 기저귀 갈기와 같은 Walker워커를 돌보는 다른 과제들은 쉬운 부분이라고 말했다. 더 중요한 것은 Walker워커의 내면에 대한 질문, 즉 Walker워커가 표현할 수는 없지만 Walker워커의 삶이 의미나 목적이 있는지에 대한 질문이었다고 그는 썼다. 결국 그 대답은 "그렇다."였고, Walker워커는 자신이 대화에 함께 했을 때, 누나가 책을 읽어줄 때, 종이, 안경, 스마트폰과 같은 테이블 위에 놓인 물건을 성공적으로 치웠을 때 기뻐하는 반응을 보였다(Brown, 2011). 그 순간, Walker워커는 감시 중인 부모를 속이는 데 성공하고 자신만의 방식으로 통제력을 발휘하면서 자신이 스스로 만든 상황에서 평등한 존재가 되었다.

이처럼 쌍방 모두 어떻게 상호작용해야 할지에 대해 불확실한 상황에서 중도장애(severe disability)를 가진 사람들과의 만남은 새로운 방식으로 관계를 맺을 수 있도록(사실은, 맺을 수밖에 없도록) 함으로써 양쪽을 동등한 존재로 만든다(Miki, 2017). 결국, Walker워커의 아버지는 "모든 인간 관계의 틀은 말의 베일 뒤에 존재하며 때로는 실제와는 다른 것처럼 들리기도 한다……. Walker워커와 저는 말로 혼란을 가중시키지 않아요. 우리는 소리를 선호하지요"(Brown, 2009, p. 246). 결국, 그것은 일상적인 돌봄의 요구 너머를 볼 수 있게 하였고, 한 유전학자가 "자연의 부정적 결과"라고 불렀던 삶에서 가치를 발견할 수 있게 되었다(Brown, 2011). 그동안 Walker워커는 휠체어를 탄 반 친구들을 도와주는 법을 배웠고, 학교가 시작되면 그들의 가방을 모아서 정리하고, 하루가 끝나면 가방을 돌려주었다(Miki, 2017). 세상의 눈으로는 Walker워커의 업적이 인정받지는 못했지만, Walker워커는 가족에게 없어서는 안 될 존재였고 주변 사람들에게 좋은 교훈을 많이 가르쳐 주었다. 아마도 그의 아버지의 말처럼 "최고가 되는 것에 집중하는 것에서 벗어나 다른 사람들과 어떻게 관계를 맺는지에 집중하는 것이 요즘에는 더 중요해 보인다"(Miki, 2017, para. 8).

리사 페넬(Lisa Fennell)

Lisa리사는 39세의 나이에, 양로원의 영양 부서에서 8년 동안 일하고 있다. 그녀는 요리, 설거지, 음식 카트 배달과 같은 부서에서 요구하는 다양한 업무를 수행하고 있다. 그녀는 다른 시설에서도 비슷한 일을 약 20년 동안 해 왔기 때문에 업무에 능숙하고 경험이 풍부하다. 그녀는 직장에서 자신의 역할이 직원들에게 중요하며, 자신이 없을 때 직원들이 그녀를 그리워한다고 말한다. 그녀는 자신을 도와주고 지지하며 소통이 잘 되는 상사를 좋아한다. 그녀의 상사는 그녀를 장애가 있는 것처럼 대하지 않고, "혼란스러운 표정을 짓거나 이해하지 못하면" 그녀를 이해해 주고 도와주려고 한다. Lisa리사는 양로원의 거주자들과 잘 지내는데, 적어도 부분적으로는 그들의 요구를 이해하고 그 요구를 충족하는 데 도움을 주기 때문이다.

Lisa리사에게는 두 명의 형제와 여동생이 있으며, 여동생과 여동생의 남편이 있는 쾌적한 집에서 살고 있다. 또 다른 동거인은 17세 자폐 청년으로, Lisa리사는 그를 돌보고 집안일을 도와주고 있다. 예를 들면, 그녀는 그에게 버스 타는 법을 가르치고 함께 나들이를 가기도 한다. 그녀는 이 역할을 즐기고 있으며 가정과 직장 생활에서 독립성을 누리고 있다. 그녀는 직장과 다른 지역사회 활동을 위해 버스와 택시를 모두 이용하며, 가끔은 근처에 사는 아버지의 차를 타고 다닌다. 그녀는 운전을 배우려고 했지만 자신이 하고 싶은 일이 아니라는 결론을 내렸다. Lisa리사는 자신의 오빠와 여동생이 대학을 졸업한 것을 자랑스럽게 생각한다.

Lisa리사의 오빠 중 한 명은 러시아에서 일하며 살고 있는데, 그녀는 러시아를 방문해 상트페테르부르크와 모스크바를 모두 방문했다. 또한 교회 단체와 함께 아일랜드, 독일, 이탈리아를 여행한 적도 있다. Lisa 리사는 여동생과 함께 워싱턴 D.C.를 여러 번 방문했으며 플로리다, 캘리포니아, 하와이, 보스턴을 즐겨 방문했다. 그녀는 새로운 경험에 잘 적응하고 낯선 곳에서도 "내 머릿속에 표시할 수 있는" 랜드마크를 찾아 길을 찾을 수 있다는 사실에 자부심을 느낀다. 그녀는 또한 오랫동안 함께 살아온 언니와 함께 지내는 것을 좋아한다. "결혼 생활과 비슷하다고 할까요?"라고 그녀는 말한다. "결혼하면 신혼기가 있다가 신혼기가 없어지고 결국 그냥 사이좋게 지내게 되죠. 저희는 사이좋게 지내고 있어요."

Lisa 리사는 음성 언어를 사용하여 의사소통을 잘하지만, 그녀는 서면으로 의사소통하는 데 어려움이 있고 철자도 잘 쓰지 못하며 수학과 시간 개념도 잘 모른다고 말한다. 그러나 여동생의 도움으로 음성 인식 문자 메시지와 같은 의사소통 보조기기를 사용하는 방법을 배웠다. 그녀는 전화와 문자 메시지를 자주 사용하여 친구 및 가족과 연락을 주고받는다. Lisa 리사가 말하기를 그녀의 형제 중 한 명도 지적장애를 가지고 있는데, 서로 잘 소통하고 있다고 한다. Lisa 리사는 또한 자신의 지적장애와 특수학급 학생으로서의 경험에 대해 잘 알고 있으며, 학교에서 좋은 경험을 했고 버스 체계를 활용하는 것과 같은 실용적인 기술을 배웠다고 말한다. 또한 그녀는 응급처치 기술을 활용해 심각한 상처를 입은 부상 당한 가족을 구급대원이 도착

할 때까지 돌볼 기회도 있었다.

Lisa 리사는 지역사회에서 다양한 지역사회 단체 및 활동에 참
여하며 활발한 활동을 한다. 요리 수업을 들었고 스페셜 올림픽
에도 참가했다. 그녀는 볼링, 영화, 음식점에서의 식사와 같은
지적장애 성인들을 위해 개최하는 지역사회 행사들을 소중하
게 생각한다. 학교 친구들과는 연락을 잘 하지 않지만, Lisa 리
사는 함께 일하는 사람들과 잘 어울리는데, 지역사회의 다양한
활동에 함께 참여하기도 하고 가끔은 쇼핑몰에 함께 가기도 한
다. 이런 모임에 갈 때는 버스를 타고 가기도 하고, 운전하는 친
구와 함께 차를 타고 가기도 한다. 또한 그녀는 두 마리의 개를
자신의 아기이자 가장 친한 친구라고 부르며 함께 시간을 보내
는 것을 즐긴다.

Lisa 리사는 삼촌과 어머니의 죽음과 장례식으로 가족의 죽음
을 경험한 적이 있다. 또한 가까운 가족 중 유일하게 남은 이모
에 대해서도 걱정하고 있다. 장례식에 대해 이야기할 때 Lisa 리
사는 "내 장례식은 파티가 될 거예요."라고 말한다. Lisa 리사는
사람들이 자신을 에스컬레이터와 스노클링에 대한 두 가지 두
려움만 있는 행복하고 친절한 사람으로 기억하길 원한다. "저
는 에스컬레이터를 정말 무서워해요. 쇼핑몰에 갈 때는 에스컬
레이터를 타지 않고 엘리베이터를 10번 이상 탑니다." 스노클
링에 대해서도 Lisa 리사는 두려움을 극복하기로 결심했다. "곧
하와이에 가서 스노클링을 할 거예요. 스노클링에 대한 두려움

에 굴복하지 않을 거예요."

Lisa리사가 만족스럽게 생각하는 것 중에는 다음과 같은 사실들이 있다. 소수인종(Barack Obama버락 오바마)이 미국 대통령에 당선되었고, 동성애자의 결혼을 허용하는 법이 바뀌었으며, 장애인과 아메리카 원주민이 과거보다 차별을 덜 받을 수 있는 권리를 갖게 된 것이라고 말한다. 그녀는 정치적 견해가 확고하며 더 나은 세상을 만들기 위해 법에 투표하고 세금과 공과금을 납부한다고 말한다. 그녀는 "장애가 있든 없든 다른 사람들과 마찬가지로 나 자신을 부양해야 한다."라고 생각한다. Lisa리사의 유산은 그녀가 친절한 사람, 가치 있는 한 가족 구성원 그리고 견고하고 책임있는 시민─사회적 역할 강화 원칙이 작동하는 사람이라는 것이다.

노엘리아 가렐리아(Noelia Garelia)

그녀가 어렸을 때 한 보육원 교사는 Noelia Garelia노엘리아 가렐라가 다운증후군이 있다는 이유로 그녀를 "괴물"이라고 부르며 거부했다(The Logical Indian, 2016). 그러나 2012년부터 Noelia노엘리아는 아르헨티나 코르도바에서 보육원 교사가 되어 공교육에 종사하고 있다(Independent, 2016). 한 양성 프로그램에서 부적합 판정을 받았음에도 불구하고 Noelia노엘리아는 교사 양성과정을 이수하고 교사 자격증을 취득한 후 보조교사로 일하다가 2016년에 교사로 승진했다(Schreiber, 2016).

　Noelia 노엘리아는 지적장애인이 학교에서 일할 수 있겠느냐는 주변의 의구심을 극복하고 부모님과 선생님의 지원으로 꿈을 이룰 수 있었다. 의심하던 사람들도 Noelia 노엘리아를 알게 되면서 Noelia 노엘리아를 교사로 채용하기로 한 결정을 지지하게 되었다. 그러나 학생들은 의심이나 편견을 극복할 필요 없이 Noelia 노엘리아가 책을 읽어 주고 이야기를 들려줄 때면 그저 좋아했다(Schreiber, 2016). 31세의 나이에, 한때 그녀를 부적합한 사람으로 보았던 사람들로부터 거절을 당한 지 수년이 지난 후(Kraft, 2016) Noelia 노엘리아는 학교 교직원의 소중한 일원이 되었다.

　Noelia 노엘리아의 학교 사람들이 우려한 것은 지적장애를 가진 사람이 한 반을 담당할 수 있을까 하는 것이었다(Independent, 2016). 그러나 곧 두 살, 세 살짜리 학생들이 Noelia 노엘리아의 주위에 모여들면서 애정과 열렬한 관심을 보였다. 그녀 학교의 한 전직 관리자는 "그녀는 보육반 아이들이 가장 필요로 하는 것, 즉 사랑을 주었다."라고 말했다(Kraft, 2016). 이러한 사랑의 감정은 Noelia 노엘리아의 목표가 반영된 것으로, 그녀는 자신의 말로 다음과 같이 표현했다. "저는 이 일을 좋아해요. 어렸을 때부터 아이들을 너무 좋아해서 항상 교사가 되고 싶었어요"(Independent, 2016). Noelia 노엘리아의 유산은 지적장애와 너무 자주 연결시켜버리는 낙인이 아니라 모

든 역경을 딛고 지역사회에서 가치 있는 한 자리를 찾은 사랑스
러운 선생님으로 기억될 것이다.

7장의 마무리

존중과 사회적 통합을 보장하기 위한 정책과 법률에도 불구
하고 많은 사람들이 여전히 오해와 부정적인 태도를 직면한다
(Seewooruttun & Scior, 2014). 그러나 지적장애를 가진 사람들도 다
른 사람들과 마찬가지로 가족과 지역사회에서 중요한 위치를 차지
하고 있다. 그들은 만족스러운 삶을 살고, 중요한 관계를 즐기며,
가치 있는 직업을 갖고 있다. 그 대가로 그들은 낙인 찍힌 집단의
얼굴 없는 구성원이 아니라 사회의 동등한 파트너로서 존중과 인
정을 받을 자격이 있다. 그들은 그저 평범한 개인으로 인정받고 싶
고, Ollie Webb올리 웹의 말처럼 "내 이름으로" 알려지기를 원할 뿐
이다.

다양한 문화권에서 지적장애를 가진 사람들은 목소리를 내고 있
고 동료 시민들의 관심과 존경을 받고 있다. 이러한 리더들은 미국
외에도 다음과 같은 여러 국가에서 목소리를 내고 있다: 호주, 중
국, 독일, 인도, 우루과이(Keith & Schalock, 2016), 벨기에(Van Hove
& Schelfhout, 2000), 캐나다(Ryan & Griffiths, 2015), 핀란드(Helle,
2000), 이스라엘(Goldman, 2000), 영국(Williams & Shoultz, 1982) 등

이 있다. 이들은 단지 동등한 대우를 요구할 뿐이고, 친절하고 품
위 있는 사람으로 기억되기를 원하는 사람들이다. Ian Brown이안
브라운(2009, p. 284)이 유전학자 Bruce Blumberg브루스 블룸버그의 말을
인용하면서 지적했듯이, "……이들을 더 적은 존재(as lesser)로 생
각하는 것은 실수이다. 무엇보다 더 적은 존재는 없다, 단지 다를
뿐이다. 문제가 되는 것은 대단한 지성(minds)만이 아니다. 대단한
영성(spirits)도 역시 그러하다."

제 **8** 장

존엄한 죽음:
새로운 도덕적 공동체의 유산

제3장에서는 장애인들이 익명성과 고립 속에서, 때로는 기억에서 사라진 채 수치스러운 방식으로 죽는 것에 대해 논의하였다. 1960년대 존 F. 케네디 대통령이 미국 내 장애인들의 상황에 대해 언급하면서 미국을 개발도상국이라고 표현하고, 이 분야의 리더들이 무엇이 잘못되었는지(Dybwad, 1999)를 묻게 만든, 무시와 거부, 학대의 역사로 가득 찬 문화로서의 미국의 역사에 대해 이야기하였다. Wolfensberger울펜스버거(예: 2011)는 잘못된 것 중 하나는 타인을 가치있게 생각하고 수용하는 데에서 문화적 실패가 있었다고 보는 것이라고 주장했으며, Blatt블랫(1999c)은 이러한 실패는 표찰을 넘어 모든 사람을 인류의 일부로 볼 수 있는 사람들에 의해서만 해결될 수 있다고 믿었다.

이 장에서는 새로운 도덕적 공동체에서 삶과 죽음의 의미에 대해 논의한다. 지적장애를 가진 사람들에 대해 다르게 생각하는 것이 함축하는 바는 무엇이며, 우리의 지각은 사람들이 존중을 받으며 살고 존엄하게 죽을 수 있도록 하기 위해 기회를 어떻게 바꿀 수 있을까? 우리는 품위, 리더십, 유머 및 영웅심의 모범이 되는 삶을 살았던 사람들의 기억을 통해 인간성의 참모습을 볼 수 있다.

삶과 유산에 대한 성찰

한 새로운 도덕적 공동체에서 장애는 개인의 요구와 환경적 지원 사이의 차이에 놓인다.

우리 모두는 서로를 중간 지점에서 만나는데, 그 중간 지점은 우리가 서로를 돕고 신뢰하는 공동체이다(Webb, 2002). 모든 사람은 동료 인간, 동료 시민으로서 존중받으며, 우리는 모두 서로를 보완하며, 누군가가 약하면 다른 누군가가 강하다. 우리는 사람들이 고립된 채로 살다가 죽는 것이 아니라 실제로 서로를 알고(Perske, 1980), 지역사회에 물리적으로 그저 실재하는 것이 아니라 지역사회 안에서(in community) 살아가는 한 공동체를 추구한다(Rapley, 2000).

진정한 한 공동체에서 우리는 지적장애인들이 이용할 수 있는 기회를 향상시키기 위해, 즉 지적장애 성인의 대다수가 실업 혹은 불완전고용 상태인 상황(U.S. Equal Opportunity Commision, 2011)과 지적장애 아동의 16%만이 학교 수업의 대부분을 일반학급에서 보내는 상황을 개선하기 위해 지원을 모색할 수 있다(McFarland et al., 2018). 존엄하고 존중받는 삶을 살 수 있도록 지원하기 위해서는 자원이 필요하지만, 적합한 개별화된 지원의 중요성에 주목해야 한다(즉, 더 많은 지원이 항상 더 좋다고 생각하는 것은 지나친 단순화이다; Stancliffe, Arnold, & Riches, 2016). 따라서 현재의 사회적 여건이 변화하고 사람들의 삶이 개선될 수 있지만, 우리는 그러한 변화를 지원하는 데 필요한 자원을 제공하고, 그 지원이 지적장애인이 마땅히 누려야 할 존엄성을 반영할 수 있도록 준비해야 한다(예: Reid, Rosswurm, & Rotholtz, 2018).

지적장애인들이 존엄하고 존중받는 삶을 원하는 것처럼, 죽음에 있어서도 그들은 존엄성을 보장받아야 한다. 미국 지적장애 및 발달장애 학회(AAIDD, 2012a)는 삶의 마지막 돌봄(end-of-life care)에 관한 성명에서 네 가지 중요한 원칙을 제시했다: 존엄성, 자율성의 존중, 삶(life) 및 평등. 이러한 원칙들은 장애 유무와 상관없이 모든 사람이 동등하게 가치를 지니고; 가능한 한 지적장애인의 요구가 존중되어야 하며; 돌봄제공자가(의료 전문가뿐만 아니라) 삶의 마지막 결정을 내릴 때 그들의 권리를 증진하고 보호해야 하며; 삶의 마지막 돌봄은 장애와 관계없이 모든 사람에게 동등하게 제공되어야 한다는 것을 분명히 하기 위한 것이다. 다시 말해, 지적장애인도 누구나와 마찬가지로 동일한 존중, 동일한 처치 옵션 및 동일한 존엄한 죽음을 맞이할 수 있어야 한다. 이러한 목표들은 때때로 열악한 처치 여건과 일부 주들(states)의 유연하지 못한 법률들로 인해 복잡해졌으며, 그 결과 지적장애인들은 더 힘든 죽음을 맞이하게 되었다(Lahey, 2018).

삶의 마지막에 존엄성을 보장하기 위한 한 가지 접근 방식으로, 지적장애인에게도 도입되어 사용되는(Lutfiyya & Schwartz, 2010) 존엄-보존 처치(dignity-conserving care)로 알려져 있는 처치 체계가 있다(예: Chochinov, 2002). Chochinov 초치노프에 따르면, 이 접근 방식에는 8가지 중요한 존엄성 보존 관점이 포함되어 있다.

1. 자아의 연속성 – 질병에도 불구하고 온전한 자아 감각 유지
2. 역할의 보존 – 이전의 자기관과 일관성을 유지하기 위한 일상적인 역할을 유지하는 능력
3. 자존감 유지 – 긍정적인 자존감의 유지
4. 희망 – 삶의 지속적인 목적이나 의미를 알 수 있는 것
5. 자율성/통제력 – 삶의 환경에 대한 통제감을 유지할 수 있는 능력
6. 재생산성/유산 – 개인 삶의 무엇인가는 죽음을 초월할 것이라는 것을 아는 것에서 위안을 받음
7. 수용성 – 변화하는 삶의 환경을 수용할 수 있는 능력
8. 회복탄력성/투지 – 질병을 극복하거나 삶의 질을 극대화하려는 결심

존엄성은 사람마다 다르게 이해되고 경험될 수 있지만, 지적장애인도 다른 사람과 동일한 대우를 받아야 하며 다른 사람의 삶에 지속적으로 기여한다는 사실은 그들의 삶과 유산을 이해하는 데 있어서 핵심이 되어야 한다. 때때로 지적장애인들이 삶의 마지막에 무엇을 원하는지를 다른 사람이 알기 어려울 수 있지만, 개인의 자율성을 존중하는 것은 적어도 세 가지 주요 맥락에서 중요하다:

개인의 진단, 예후, 혹은 처치에 대한 새로운 정보가 있을 때; 삶의 마지막에 가까워져서 돌봄 요구와 개인의 바람이 변화할 때; 중요한 처치 결정을 내려야 할 때(Bekkema, de Veer, Hertogh, & Francke, 2014). 삶의 마지막에 존엄성과 개인적 참여를 촉진하는 한 가지 방법은 개인의 선호와 가치를 좀 더 일찍 파악하고 잘 문서화하여 삶의 마지막 의사결정에서 개인의 의사가 간과되지 않도록 하는 것이다(Stein & Kerwin, 2010). 존엄한 죽음은 존엄한 삶을 경험할 기회를 가졌었는지에 달려 있을 수 있다. 다음 부분에서는 잘 살다가 존엄하게 죽음을 맞이하고 훌륭한 유산을 남긴 모범적인 사람들의 이야기를 소개한다.

지나간 과거는 유산의 도입부

지적장애를 가진 사람들이 점점 더 오래 살면서 질병, 삶의 마지막 결정, 죽어 가는 과정(dying)과 죽음(death)에 대한 이해가 중요해졌다(Surrey and Borders Partnership, 2012). 그리고 그들과 함께 살았던 사람들이 기억하는 그들의 유산은 바로 그들이 살아온 삶이다. 여기에서는 기억에 남는 네 사람의 이야기를 소개한다. 각기 온전한 삶을 살았고, 지역사회에서 삶을 살았으며, 매우 다른 사람들이었지만 주변 사람들의 삶에 실질적이고 의미 있는 방식으로 기여했다는 공통점이 있다. 그들의 삶은 지속되는 유산의 도입부

(prologue)였다.

마크 파월(Mark Powell)

Mark마크가 태어났을 때 의사의 진단은 다운증후군으로, 손상의 정도가 중도(severe)인 지적장애를 동반한다는 것이었다. Mark마크의 부모는 그를 시설에 입소시키라는 권고를 받았다. Mark마크가 입소했던 시설에서는 Mark마크가 무언가를 성취할 수 있을 것이라는 기대가 거의 없었다. 청소년류마티스관절염(JRA)과 관련된 관절 통증과 부종이 있는데 별다른 치료를 받지 못하는 상황에서 그는 걷기를 멈췄고 바닥에 앉아 있었는데, 그곳에서 자신이 "귀엽게 애교를 부리면" 다른 사람들이 자신을 위해 거의 모든 것을 해 준다는 사실을 발견했다. 그 결과 그는 긍정적이고 호감 가는 성격을 가지게 되었고 말하기를 스스로 배웠다. 그는 누구든 매료시키고 조종할 수 있었다.

결국 거주시설 입소자 수를 줄이려는 운동이 있었을 때 Mark마크는 위탁가정으로 옮겨졌다. 지역사회 발달센터(community developmental center)에서 지내던 중 그곳에서 Mark마크는 자신을 입양하여 가족의 일원으로 만들어줄 부모를 만났다. 알고 보니 Mark마크는 다운증후군으로 인해 발달이 느린 것이 아니라 척추후만증(척추가 바깥쪽과 옆으로 휘어진 상태), JRA, 저신장(3피트 정도의 신장), 그리고 신체적 스트레스로 인해 머리카락이 많이 빠지는 것이 가장 큰 문제였다. 또한 교정 신발을 신고 다리 보조기를 착용하기도 했다. 이러한 다양한 신체적 어려움에 따른 보조 장치들(adaptations)은 Mark마크에게 거의 장벽이 되지 않았다. 그는 열정을 가지고 학교와 삶에 임했다. 그는 적어도 본인의 생각으로는 훌륭한 댄서였고, 학교에서 하는 댄스들을 좋아했다. 그는 자신이 John Travolta존 트라볼타처럼 춤을 추지는 못하지만……, 필요한 보조장치들을 사용하면서 춤을 출 수 있었다.

고등학교에 입학한 Mark마크의 첫 번째 수학 수업은 흥미진진했다. 그는 덧셈, 뺄셈, 곱셈 및 나눗셈과 같은 기초를 배웠다. 수업 첫날, 그는 방과 후 복잡한 숙제를 들고 집에 도착했다. 밤새도록 해야 하는 숙제였지만 그는 해내기로 결심했다. 15살이 되던 해, Mark마크의 집에서는 언제쯤 운전을 할 수 있을지에 대한 질문이 가장 큰 화두였고, 그의 동생도 마찬가지로 기대에 부풀어 있었다. 이전에도 여러 번 그랬던 것처럼 형제는 함께 창의력을 발휘하여 문제를 해결하고, 실행 계획을 세우고, 필요한 적응 방안을 찾아냈다. Mark마크는 운전면허증만 있으면 누군가의 감독 없이 데이트를 할 수 있을 것이라고 꿈꿨다! Mark마크의 아버지는 자신과 Mark마크의 어머니가 너무 강하게 밀어붙인 적도 있었지만, 그보다는 Mark마크의 역량을 과소평가한 경우가 더 많았다고 말한다.

안타깝게도 Mark마크의 건강 문제는 더욱 심각해졌고, 몸이

약해졌다. 3페이지 분량의 의사 소견서에는 진단과 옵션들이 적혀 있었다. 예후는 좋지 않았다. 옵션 1: 아무것도 하지 않고 몇 년 안에 신체적 쇠약으로 사망. 옵션 2: 7시간에 걸친 대규모 수술을 두 번 받는데, 각 수술마다 사망 확률이 어느 정도 있음. 10년이 넘는 기간 동안 여러 차례 병원을 방문한 결과, 의사에게 Mark마크는 매우 존경하는 친구가 되었다. Mark마크의 부모는 이 편지를 읽으며 아들에게 어떻게 하면 가장 잘 전달할 수 있을지 고민했다. 그들은 아들이 결정하는 데 일부가 되기를 바랐고, 어쩌면 직접 결정하기를 바랐지만 아들은 15살이었다. 그렇다, 그는 의사의 진료를 받으면서 부모에게 부정적인 결과에 대한 과학적 설명과 논의를 들었다. 그러나 막상 이 문제를 논의할 때가 되자 Mark마크의 부모는 편지에 대해 필요한 만큼의 시간을 쓰며 충분히 설명하기를 원했다. 놀랍게도 회의가 시작되자 Mark마크는 커피 테이블 위에 놓인 편지를 이미 읽었다며 말을 끊었다. 그리고 그는 수술을 계속 진행하길 원했다. 위험하다는 것을 알고 있었지만 아무것도 하지 않고 1년 정도 있다가 죽는다는 것은 선택의 여지가 없었다. 그렇다, 그의 아버지는 그들이 강압적인 부모였다고 말했지만, Mark마크는 다시 한번 부모의 기대를 뛰어넘었다.

　Mark마크는 수술을 선택했고 안타깝게도 병원에서 사망했다. 많은 가족, 친구, 이웃이 참석한 추모 모임은 추억, 웃음, 시 그리고 진정한 사랑과 우정 속에서 존재하는 특별한 공동체 의식을 통해 그의 삶을 진정으로 축하하는 자리였다. 이후 Mark 마크의 집에서 그가 가장 좋아하는 음식인 피자와 초콜릿 케이크로 축하 행사가 이어졌다. 그의 뛰어난 유머 감각과 무한한 결단력 그리고 함박웃음에 대한 이야기가 오갔다. 큰마음을 가진 이 작은 소년은 언제나 삶을 선택했고, 자신의 방식으로 오랫동안 기억될 지혜와 우리 모두가 열망하는 존엄과 존중을 구현하는 유산을 남겼다.

톰 훌리한(Tom Houlihan)

Tom Houlihan톰 훌리한은 자신감이 넘치는 사교적인 사람이었다. 지역 중고품 가게에서 수년간 일했지만 Tom톰은 가족과 친구들의 도움을 받았으며 체계적인 기관 서비스를 받은 적은 없었다. 중고품 가게에서 오랫동안 일하기 전에 Tom톰은 세차장에서 한동안 일한 적이 있다. Tom톰의 형은 Tom톰에게 큰 도움을 주었고, Tom톰은 말년에 어머니를 돌보는 일을 도왔다. 활달하고 외향적인 Tom톰은 성당과 콜럼버스 기사단에도 적극적으로 참여했다. 어린 시절에 대해 Tom톰은 "저는 어렸을 때 부모님과 함께 지역사회에서 살았죠. 한때 부모님은 제가 어렸을 때 저를 시설에 보내자는 이야기를 하셨지만 가족들은 반대하였지요"(Williams & Shoultz, 1982, p. 42).

Tom톰은 그가 만난 거의 모든 사람의 친구였으며, 종종 사람들을 집으로 초대했다. 그는 친구인 Tom톰과 Janet자넷의 결혼식에서 신랑 들러리를 섰고, 자주 친구들을 방문하거나 전화를 걸었다. 그는 지역사회의 옹호단체에 참여하게 되었고, 처음에는 긴장했지만 지금은 지적장애를 가진 사람들을 위한 유창한 대변인이 되었다. Tom톰은 공청회에 처음 모습을 드러냈을 때를 회상하며 "물론 그날 밤 정말 긴장했죠. 마이크를 잡는 왼손이 떨리더니 갑자기 왼쪽 다리가 떨리기 시작했어요. 그날 밤 저는 마이크에 대고 제 친구들을 모두 언급했어요. 저는 또한 지적장애인을 위한 캠페인을 위해 영국에 갔을 때 대중 연설도 많이 했어요"(Williams & Shoultz, 1982, p. 42). Tom톰은 계속해서 용감한 옹호 운동가가 되어 자신의 권리를 위해 목소리를 내는 단체에 주지사 같은 권위 있는 인물을 회의에 초대해야 한다고 종종 주장했다.

다운증후군을 가진 많은 사람(예: Harley et al., 2015)과 마찬가지로 Tom톰도 알츠하이머병에 걸렸고 50대 초반에 사망했다. 그의 친구들은 Tom톰이 다른 많은 고령 지적장애인과 마찬가지로 은퇴 서비스를 포함한 더 나은 지역사회 지원을 받았다면 더 많은 혜택을 받았을 것이라고 말한다. Tom톰은 지역사회에 널리 알려졌으며, 사려 깊고 친절한 사람으로 동료 시민들을 옹호하는 사람으로 잘 기억되고 있다.

에릭 에바허(Eric Ebacher)

Eric 에릭은 폐동맥 색전증으로 인해 34세의 나이에 갑작스럽게 사망했다. 수두증을 가지고 태어난 Eric 에릭은 두 살 때까지 30번의 수술을 받았으며, 형의 말에 따르면 힘겨운 싸움을 했다고 한다. Eric 에릭은 20대가 되어서야 스스로 신발 끈을 묶는 법을 배웠지만, 보고 따라 하는 것으로 거의 모든 것을 배울 수 있게 되었다. Eric 에릭은 추상적인 개념을 이해할 수 있긴 했지만, 무엇인가 하기를 배우기 위해서는 직접 봐야 했다.

가정 형편이 악화된 후 Eric 에릭은 형의 집 문을 두드렸다. 형은 그를 받아주었고 그곳에서 요리, 청소 및 자조 기술을 포함하는 독립적인 생활 기술을 배웠다. Eric 에릭과 그의 형은 Eric 에릭이 그 상황에서 할 수 있는 만큼 배웠다고 판단하여 그를 소규모 그룹홈으로 옮겼고, 그곳에서 그는 하우스메이트들(housemates)의 큰 형이자 리더가 되었다. 얼마 지나지 않아 Eric 에릭은 스스로 돈과 약을 관리할 수 있는 기술을 익힌 후 자신의 아파트를 얻었고, 그곳에서 평생을 살게 되었다. 형과의 관계는 형과 동생의 관계에서 스포츠 경기를 관람하는, 함께 시간을 보내는 "그냥 두 남성"으로 발전했다.

Eric 에릭은 평생 동안 자신의 장애를 이해하는 법을 배웠고 독립적이고 자립적인 삶을 살게 되었다. 형에 의하면, 그는 자신의 장애의 한계를 넘어 "더 성장하였고" 다른 사람을 돕는 일에 관심을 갖게 되었다고 한다. 이를 위해 온라인에서 다른 사람들의 질문에 답하고 아낌없이 도움을 주는 사람이 되었다. 비록 다른 사람들과 교류하는 방법을 아는 데 어려움을 겪었지만, 그는 사람들을 환대하는 방법을 배웠고 다른 사람들을 대할 때 항상 상대방을 배려했다. 그는 사람과 볼링 그리고 고양이를 사랑했다.

Eric 에릭은 재활용 센터에서 일하였고, 그의 모든 동료가 그의 장례식에 참석하였다. 그의 유산은 친절함, 장애를 가진 다른 사람들을 기꺼이 돕고자 하는 마음 그리고 사람들이 그를 판단할 때도 판단하지 않고 사람들의 삶에 감동을 주는 능력이다. 또한 그는 높은 목표를 세우고 이를 달성하기 위해 열심히 노력하는 사람으로 기억되고 있다. 그의 형은 "Eric 에릭은 주어진 삶을 그대로 받아들였고, 그가 없는 휴일은 공허하게 느껴진다."라며 "Eric 에릭이 그때 내 문 앞에 나타나줘서 다행"이라고 말하였다.

레이 루미스(Ray Loomis)

Ray Loomis 레이 루미스는 청년 시절 15년을 대규모 주립 시설에서 보냈으며, 여러 차례 탈소를 시도했다. 지역사회에서 몇 년 동안 Ray 레이는 좋은 시간도 있었고 어려움도 겪었으며, 자신과 같은 문제에 직면한 사람들에게 지원과 도움을 제공할 단체가 필요하다는 것을 깨달았다(Webb, 2002; Williams & Schoultz, 1982). 단체를 설립하고 리더십 역량을 개발하기 위해 열심히 노력한 Ray 레이는 첫 모임에 단 세 명만 참석했지만, 끈질기게 노력한 결과 얼마 지나지 않아 참석자가 늘어났고 훌륭한 리더가 되었다. 회원들은 목표를 설정하고 과제를 수행하는 방법을 배웠고, 단체 조직을 공식화하면서 Ray 레이를 회장으로 선출했다. 회원들에 의해 운영되는 자기옹호단체인 Project Two는 현실이 되었다.

곧 이 단체는 주 전체에 걸친 조직을 만들기 위한 단계를 밟았고, Ray 레이가 처음 아이디어를 낸 지 4년 후, 이 단체는 첫 번째 주 대회를 개최했다. 놀랍게도 전당대회의 기획, 조직 및 진행은 대부분 글을 읽거나 쓰지 못하는, 일상생활 과제에 도움이 필요한 사람들이 이루어냈다(Williams & Shoultz, 1982). 조언자들의 지원과 서로의 역량을 보완하는 능력으로 그들은 많은 사람이 불가능하다고 생각했던 목표를 달성했다. Ray 레이는 한 텔레비전 방송국에서 매년 수여하는 탁월한 지역사회 자원봉사 리더십 상을 포함하여 수많은 상을 받았다. 그리고 그 과정에서 Ray 레이는 결혼을 하고 아버지가 되었다.

그러나 모든 것이 순탄하지는 않았다. Ray 레이는 몸이 아팠고, 심장 판막을 복구하는 수술이 필요한 울혈성 심부전증을 앓고 있다는 사실을 알게 되었다. 수술 과정에서 합병증이 발생했고 Ray 레이는 끝내 의식을 회복하지 못했다. 그의 죽음은 아내 낸시와 어린 아들뿐만 아니라 그에게 소중한 존재였던 많은 사람에게도 큰 충격이었다. Ray 레이의 장례식에는 그와 그의 업적을 아는 사람들이 주 전역에 걸쳐 모였다. Ray 레이의 따뜻한 웃음과 눈빛의 반짝임을 기억하는 시민 옹호자 Ed Skarnulis 에드 스카눌리스는 Ray 레이에 대해 이렇게 말했다. "그는 붐비는 거주시설 어딘가에서 누군가가 오기를 기다리고 있는 사람들이 있다는 것을 알고 있었다. 그리고 그는 집에서 TV를 멍하니 바라보며, 외로움을 느끼고 함께 있고 대화할 친구가 절실히 필요한 사람들이 있다는 것을 알고 있었다."(Williams & Schoultz, 1982, p. 32). Ray 레이는 그가 인솔하고 친해진 많은 사람에게 그런 친구가 되어 주었다. 그리고 그는 자주 인용되는 조언을 유산으로 남겼다.

자신이 장애인(handicapped)이라고 생각한다면
당신은 실내에 잘 머무를 것입니다.
만약 당신이 한 사람(a person)이라고 생각한다면
세상으로 나와서 세상에 말을 할 것입니다.

새로운 도덕적 공동체의 선구자들

장애는 개인 경험의 한 측면일 뿐 존재의 전부가 아니며, Dunn

턴(2014)은 장애를 가진 사람들은 영웅이 아니라 그저 사람일 뿐이라고 지적한다. 그들도 다른 사람들과 마찬가지로 친구, 가족 및 지역사회를 소중히 여기며, 장애는 그들이 살고 있는 상황과 연결되어 있는 일상적인 현실의 일부이다. 그럼에도 불구하고 이러한 현실에 적응하는 것은 많은 사람과 그 가족에게 진정한 도전이며, 때로는 엄청난 노력이 필요하다. 예를 들면, 이 장 앞부분에 소개한 이야기에서 Mark마크는 학교에 가기 전에 스스로 다리 보조기를 착용하기 위해 종종 새벽녘에 일어나곤 했는데, 이는 신체적 어려움으로 인해 힘들고 시간이 많이 걸리는 작업이었지만 그의 자아개념과 자율성에 중요한 역할을 했다. 다른 곳에서는 지적장애인의 지역사회 통합을 위해 노력하는 지원 스태프를 영웅으로 묘사하기도 한다(Office for People with Developmental Disabilities, 2018). Perske퍼스키(1980)는 물에 빠진 친구를 구하려다 목숨을 잃은 지적장애 청년의 노력을 묘사하면서 지적장애인이 전통적인 의미의 영웅이라고 언급한 것처럼, 지적장애인은 때때로 전통적인 의미의 영웅이기도 하다. 새로운 도덕적 공동체에서 선구자는 평범하거나 혹은 비범한 방법이든, 자신 혹은 타인을 위해서든, 더 나은 삶을 만드는 사람들일 것이다.

일부 지적장애를 가진 사람들의 유산은 자신이 어려운 상황에 처했을 때도 다른 사람들의 삶을 더 나은 것으로 만들었다는 것이다. Mayo Buckner메이요 버크너도 그런 사람 중 한 명이다. 1898년 10월 15일 아이오와주 남서부에 눈이 내리고 있을 때 Mayo메이요의 어머니는 여행을 떠난다고 말했다. 그들은 기차를 타고 크레스턴으로 가서 하룻밤을 보낸 후 다음 날 아침 일찍 글렌우드로 향했고, 그의 어머니는 8살의 Mayo메이요를 아이오와 정신박약 아동을 위한 시설(Iowa Home for Feeble-Minded Children)에 맡겼다(Wallace, 1958). 그곳에서 그는 남은 여생 60여 년을 보내게 된다. 수년 후 관리자들은 Buckner버크너의 IQ가 120이라는 사실을 알게 되지만, 입학 당시에는 "중간 수준의 천치"(medium-grade imbecile)로 분류되었다. Buckner버크너는 곧 바이올린을 배우고 다른 여러 악기를 배웠다. 그는 마을 주민의 아이들에게 음악 레슨을 제공하기도 하고 마을 밴드와 함께 연주하기도 했다. 그는 또한 숙련된 인쇄공이 되었다. 그러나 그의 재능에도 불구하고, 거주시설은 Buckner버크너가 여러 차례 요청했지만 그를 지역사회로 돌아갈 수 있도록 도와주지 않았다(Wallace, 1958). 그럼에도 불구하고 그는 독서량이 많고 친절했던 온화한 사람으로 기억되며 글렌우드에는 그의 이름을 기리는 거리가 만들어져 그의 이름을 기념하고 있다. 평생 끔찍한 불의에 직면한 Mayo Buckner메이요 버크너는 우아하고 품위 있게 살다가 죽음을 맞이하여 지역사회 수백 명의 삶에 감동을 주었다.

오늘날의 선구자들은 지적장애인들을 지원할 수 있는 다양한 방법을 찾고 있으며, 지역사회에서 다양한 이야기를 만들려고 하고 있다. 예를 들면, 지적장애를 가진 두 자녀를 둔 노스캐롤라이나의 한 어머니인 Amy Wright에이미 라이트는, 카페의 전 세계적인 인기를 활용하고 카페가 지역사회의 다양한 구성원을 한데 모은다는 사실을 인정하며, 그 자녀의 이름을 딴 한 커피숍을 열었다. 장애인 고용의 필요성을 인식하여 설립된 이 매장은 40명의 장애인을 고용하고 있으며, 지역사회와 유대감을 형성하여 가치 있는 공헌을 하고 있다. 이 카페의 성공으로 두 개의 지점이 추가로 생겨났고, 더 많은 인원을 고용하고 있다(Toner, 2017). 아이오와(Kilen, 2015), 캐나다(Inclusion BC, 2018), 버몬트(Egan, 2014), 일본(Cafe caters to mentally disabled, 2014)에도 장애인 직원을 고용한 카페가 설립되었다. 이러한 매장은 지역사회 참여를 증진하면서 의미 있는 고용 지원을 제공하기 위한 하나의 접근 방식이다.

다른 고용주들도 점점 더 장애인 고용의 비즈니스적 가치뿐 아니라 사회적 가치를 깨닫고 있으며, 모든 학생에게 기회를 제공하기 위해 통합 운동팀(inclusive athletic teams)과 같은 활동을 제공하는 학교도 점점 늘고 있다(Shriver, 2018). 또한 기술적 지원은 보조기술(assistive technology, 장애인을 지원하기 위해 특별히 설계된 기술)이든 주류 기술(mainstream technology, 장애 유무에 관계없이 누구나 사용할 수 있는 기술; Goldman, 2017)이든 관계없이 장애인의 삶을 개선할 수 있는 큰 잠재력을 가지고 있다(Wehmeyer, Tassé, Davies, & Stock, 2012).

지금까지 지적장애를 가진 사람들의 삶을 개선하기 위해 지속적으로 제공되는 지원과 지역사회의 기회 중 몇 가지를 소개하였다. 사회가 자연적 지원을 제공하는 데 더 능숙해지고, 지적장애인들이 지역사회에 더 독립적으로 참여하게 되면서, 지적장애인들의 삶의 질은 향상되고 주류 문화에 기여할 수 있는 더 의미 있는 기회가 주어질 것이다. 또한 Perske 퍼스키(1980)가 "그들이 나와 함께 그리고 나를 위해 할 수 있었던 많은 일들이 그들이 할 수 없었던 일보다 몇 배는 더 많았다. 그리고 그 사람들과의 관계는 나의 세계관을 더 좋게 변화시킬 만큼 풍성했다."(p. 77)라고 말한 것처럼 지적장애인들은 평범한 삶과 유산을 경험하게 될 것이다. 새로운 도덕적 공동체의 선구자들은 무엇인가와 무엇일 수 있는가 사이의 간극에 가교를 놓을 방법들을 지속해서 찾고 있다. 그 과정에서, 그들은 사람들이 만족스러운 삶을 살고 기억할 만한 유산들—잘 살고 잘 죽는—을 창조하는 것을 돕고 있다.

8장의 마무리

새로운 도덕적 공동체에서 우리는 사람을 그들의 결손이 아닌 강점으로 판별한다. 우리는 지적장애를 가진 사람들의 지역사회 참여를 증진하기 위해 자연적 및 전문적 지원을 제공하고, 그들을 친구, 이웃, 학교동료, 직장동료 및 시민으로서의 공헌을 인정한다. 자기옹호자 Nancy Ward 낸시 워드(2000)는 "당신이 그들의 능력보다 장애를 볼 것이기 때문에 그들은 될 수 있는 것도 결코 될 수 없을 것이다."(p. 33)라고 말하며 일부 사람들이 지적장애인들을 존중하기보다는 동정하는 경향에 대해 한탄했다.

이 장에서는 장애(disabilities)가 아닌 능력(abilities)으로 직계 가족과 친구들뿐만 아니라 훨씬 더 광범위한 지역사회에 지속적으로 의미를 가지는 유산을 남긴 개인들을 알게 되었다. 이러한 공동체에는 장애인과 비장애인, 학교와 직장, 상점과 기관, 전문적 혹은 일반적인 지역사회 서비스가 모두 포함된다. 그리고 이러한 지역사회에서 지적장애를 가진 사람들은 직원, 고용주, 납세자, 쇼핑객, 상점 주인, 학생, 교사, 아들, 딸, 형제, 자매, 부모, 관중 및 운동선수이다. 또한 존엄한 죽음은 존엄하게 산 것을 의미하며, 새로운 도덕적 공동체에 이보다 더 중요한 목표는 없다.

제**9**장

돌아보기:
다른 사람들처럼

지적장애인의 삶과 유산에 대해 우리가 성찰할 때, 우리는 지적
장애인 본인과 그들의 가족과 친구들에게 무엇이 삶에 의미를 주
는지에 대해 질문할 수 있다. 제5장에서 우리는 삶의 질 개념, 그것
이 무엇을 의미하는지와 새로운 도덕적 공동체에서 그것의 역할에
대해 탐구하였다. 다른 연구자들은 삶에 대해 지각된 목적 혹은 의
미와 관련하여 삶의 질의 다양한 측면들을 또한 연구하였다. 예를
들면, 중년과 노년의 성인들 사이에, Saha사하와 Ahuja아후자(2017)
는 삶의 만족과 의미 사이에 유의한 관계가 있음을 밝혔다. 중국에
서 더 젊은 사람들 집단들에서, Zhang장과 그의 동료들은(2016) 삶
의 의미의 7가지 원천을 판별하였다: 자기 개발(한 개인의 목적의 성
취), 사회적 헌신(사회에 기여), 관계(가족, 친구 및 다른 사람들과), 세
속적 추구(직장, 물질적 소유, 지위), 삶의 경험(삶의 기쁨과 슬픔), 문
화(음악, 예술, 독서, 사유) 그리고 자율성(의사결정, 자신의 삶에 대한
책임). 이러한 삶의 의미의 원천이 지적장애인의 개인적 삶의 질의
성과 영역들과 거의 완전히 일치한다는 것은 놀라운 일이 아닐 것
이다(Schalock & Keith, 2016c).

무엇이 가장 문제인가?

Baumeister바우마이스터(1991)는 삶의 의미에 대해 논의를 하면서,

개인에게 있어 의미의 기초를 형성하는 네 가지 동기를 제시하였다: 목적(일종의 목표 지향을 가짐), 가치(도덕적 혹은 올바른 것을 해내는 감각), 효율성(삶의 사건들에 통제 감각) 그리고 자기 가치(한 사람으로서 가치를 느낌). 이러한 동기는, 역시 지적장애인의 삶의 질에 대한 우리의 이해와도 일관적이며, 그것들은 일상생활의 사건들의 한 산물이다(Machell, Kashdan, Short, & Nezlek, 2014). 이러한 동기들은 이 책에서 우리가 만난 사람들의 삶에서도 역시 나타난다.

Lisa 리사의 목표들 중 하나는, 예를 들면 더 나은 나라를 만드는 것이고, 모든 사람의 평등성을 확립하는 것을 도울 정책들을 위해 투표하는 것이다. Eric 에릭은 수두증을 가진 영아로서 삶을 시작한 이후에, 삶의 어려움이 있는 다른 사람들을 돕는 것을 삶의 목표로 둔 한 성인이 되었다. Ray 레이의 핵심적 가치는, 그가 지역사회 삶에 적응하기 위해 고군분투하는 사람들에게 있어서 외로움을 보았을 때, 그로 하여금 그들을 돕기 위해 무엇인가 하게 하는 연민이었다. 그리고 Randy 랜디는 이 세상의 일들의 상태에 대해 불안감이 있음에도 불구하고, 다른 사람들을 무척 소중히 여기며 그들이 선한 일에 역량을 가진 것으로 믿는다. 생명을 위협하는 후속 결과를 초래할 수 있는 의료적 결정에 직면하였을 때, Mark 마크는 그의 운명을 통제할 자신의 능력을 발휘하였다. 마치, Walker 워커가 원하지 않는 물건들을 치우는 데 있어서, 그의 물건들을 통제하는 것처럼 그러하였다. 자기 자신의 가치에 대한 Ollie 올리의 감각은 그녀가 다른 사람처럼 대우받아야 한다는 것과 그녀가 원하였던 표찰은 오로지 그녀 이름이었다는 것을 주장하는 것에서 나타났다. Tom톰의 자부심은 대중 앞에서 말하고 정부 당국이 지적장애인의 권리를 존중하는 방법을 강구하도록 요청하는 용기를 주기에 충분히 강력하였다. 이러한 사람들은 모든 사람과 같이, 동기와 목적이 분명한 사람들이며, 고유하고 개별적인 방법으로 표현한다.

　Chochinov초치노프(2002)는 우리 삶의 무엇인가는 우리의 실존을 초월하는 것―우리가 기억되는 것, 우리가 한 유산을 가질 것이라는 것을 아는 것의 중요성을 논의하였다. Randy랜디는, 도움이 필요한 사람들이 대화할 수 있는 그 누군가로서 그리고 좋은 유머 감각을 가진 한 사람으로 기억되는 것을 원한다. 유사하게, Eric에릭은 사람들을 좋아하고 도움이 필요한 사람들을 돕기를 원한다. Mark마크는 최중도 정신지체의 진단을 가진 아동기로부터 읽을 수 있고 그 자신의 의료적 상태에 대해 결정을 할 수 있는 큰 웃음을 짓는 청소년으로 성장한 것으로 기억된다. Ollie올리의 유산은 지적장애를 가진 다른 사람들을 위해 일한 장기간 경력을 가진 한 자랑스러운 여성이라는 것뿐만 아니라 그녀의 이름을 딴 한 지역사회 센터이다. Lisa리사는 사람들이 그녀를 행복하고 친절한 사람으로, Tom톰은 친절하고 생각이 깊은 사람으로 기억되길 희망한다. 누구나와 같이, 이 사람들은 완벽하지 않은 사람들이며; 그들은 그냥 사람이다. Walker워커에 대해 논의하면서, Ian Brown이안 브라운(2009, p. 284)는 "나는 나의 아들의 얼굴을 본다; 나는 인간이란 무엇인지를 보며, 사랑스럽고 동시에 결점이 있는 것을 본다."라고 말하였다.

지금까지 우리가 논의해 왔던 사람들은 물론 그들의 성격, 개인적 심리사회적 및 신체적 모습, 집 혹은 가족 상황들 및 개인적 경험에서 독특하다. 그러나 다른 측면들—그들의 개인적 열망, 그들이 사랑하는 사람들과의 연결 그리고 그들이 무엇을 삶에서 기대하는 것—에서 그들은 평범하다; 그들은 다른 사람들과 같다. 오스트레일리아에 사는 젊은 여성 Leigh Worrall 리 위럴은 그녀에게 좋은 삶을 제공하는 것들에 대해 그녀의 관점을 잘 요약해서 말하였다: "그것들은 나의 가족, 나의 친구들, 독립적으로 되는 것 그리고 나자신의 결정과 선택을 스스로 할 수 있는 것을 포함한다. 나는 다른 사람을 돕고 지원하는 것을 또한 즐긴다"(Keith & Schalock, 2016, p. 37).

새로운 도덕적 공동체가 제공하는 것은 무엇인가?

지적장애의 사회적 구조에 기초한 도덕성의 함축성들의 하나는 유사한 목적들에 많은 수단이 있다는 것에 대한 인정이다(Renwick, Brown, & Raphael, 2000). Lisa 리사가 때때로 직장에 택시를 타고 가고, 다른 때는 버스를 타고 그리고 가끔은 아버지 차로 가는 것처럼, 또한 다양한 방법으로 성취되는 많은 다른 목적이 있다. 사람들이 그들 주변에 있는 지역사회들에 좀 더 많이 참여하게 되는 것이 개인적 지원(individual supports)의 개념의 묘미이다. 우리가 이

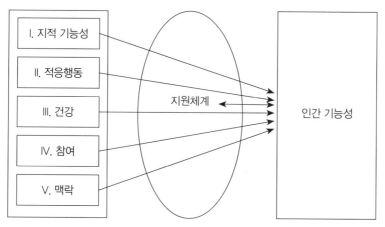

[그림 1] 개인과 환경적 상황 사이의 간극을 잇는 데 지원의 역할과
향상된 개인적 기능성에 대한 개념적 관점(Schalock et al., 2010)

미 앞에서 지적하였고, [그림 1]에서 볼 수 있듯이, 지원은 무엇인
가(what is)와 무엇일 수 있는가(what can be) 사이, 현재의 현실과
바람직한 목표 사이의 간극을 잇는 것이다. 이것은 장애는 단순
히 손상의 문제가 아니라 지원 없이 완전한 참여를 하는 데에 제한
된 기회의 문제라는 인지에 대한 한 반응이다(Stancliffe, Arnold, &
Riches, 2016). 모두 인간의 완전한 잠재력을 성취하는 목적을 가지
고, 개인적 요구와 바람에 따라서, 사람들은 각자 다른 방법들로 참
여를 성취할 수 있다.

우리는 모두 인간이다

중도 혹은 최중도 지적장애를 가진 사람들의 완전한 인간성에

대해 반대 의견을 말하는 사람들에게 Kittay 키테이(2010)는 그 의견의 중요한 제한점과 지원의 중요성을 지적하였다. 그녀의 딸에 대해 논의하면서, 그녀는 다음과 같이 말하였다.

> 나는 논증이 불가능한 것을 효과적으로 보여 주고 있다. Sesha 세샤는 다른 사랑하는 한 부모에게 사랑스러운 다른 딸과 같이 그런 딸이다. 이것을 보여 주기 위해, 다른 엄마들이 그들의 자녀에게서 지켜 주기 위해 노력하는 존중과 관심을 나는 나의 딸에게서도 지켜 주기 위해 노력하기 때문에, 나는 그녀의 중요 돌봄제공자로서 나의 역할을 수행한다(p. 410).

또한 Kittay 키테이는 장애가 있든 없든 어떤 아동의 부모라도 공동체—학교, 사회 기관들 및 다른 사람들로부터 지원 없이 성공하는 부모는 없다고 주장한다. 한 아동의 역량 혹은 요구와 상관없이, 그녀는 부모들은 아이의 복지에 대해 윤리적인 책무성을 가지며, 그 책무성은 다른 사람들이 다른 아동들과 같은 돌봄의 가치로 그 아동을 존중하지 않는다면 그리고 같은 지원을 제공하지 않는다면 지켜질 수 없다. 모든 사람은 존엄성과 존중—새로운 도덕적 공동체의 필수적 측면들을 원한다.

19세기에 글을 쓴 Fernald 퍼날드(1893)는 지적장애를 가진 사람들, 특히 여성의 경우는 "방탕한 삶"을 살기 쉽다고 주장하였다(p. 212). 이 주장은 중도 혹은 최중도 장애를 가진 사람들이 존엄성을 가질 수 있는가 여부에 대해 질문한 현대 철학자들의 도덕적 논쟁에 반영되었다(예: Singer, 2010). Kittay키테이(2010), 중도에서 최중도 지적장애를 가진 것으로 진단된 딸을 가진 그녀는, 그녀의 딸이 음악을 사랑하고 가족, 친구들 및 돌봄제공자들과 깊은 관계를 가졌다고 뭉클하게 글을 썼다. Vorhaus보하우스(2017)는 다른 사람들과 교류에서 의미 있게 참여할 수 있는 최중도 지적장애와 중복장애를 가진 사람들의 예들을 관련시키며 그러한 상호작용을 할 수 있는(혹은 잠재적으로 할 수 있는) 사람들에게 우리가 무엇을 빚졌는지를 논의하였다. 제3장에서, 우리는 Nussbaum누스바움(2011)에 의해 옹호된 역량 접근(capabilities approach)을 논의하였다. Nussbaum누스바움은 장애인의 삶의 질을 향상시킬 것으로 믿은 역량을 강조하였고, 고정된 역량(static capacities)으로 사람을 바라보는 제한점을 감안하면서도 성장의 잠재적 기회들에 강조점을 두었다.

우리 모두는 역량이 있다

지적장애인의 역량, 가족과 친구들에게 중요한 유산에 기여하는 능력은 깊은 개인적 관계를 형성할 수 있고(Kittay, 2010), 성취와 슬픔을 나눌 수 있는(Wong, 2002) 그리고 다른 사람들처럼 살 수 있는(Groulx, Doré, & Doré, 2000) 역량을 포함한다. 그들은 아마도 다른 사람들에게 공감과 인내를 가르칠 수 있으며(Brown, 2009) 과거에는 가능하지 않았던 학업적 목표들을 성취할 수 있다

(Hollingsworth, 2010). 그들의 삶은 누가 완전한 인간인가 아직도 논쟁을 하는 철학자들의 의심을 잠재워야 한다. Sen 센(1999)은 광범위한 취약한 사람들에 대한 글에서, 인간의 발달은 인간 행위주체성(agency)—모든 사람은 그들 자신의 삶에 대해 통제할 수 있어야 하고 빈곤과 기회의 부족에서 자유로울 수 있어야 한다—이라는 것에 의존한다고 주장하였다. 지적장애인의 가족들과 친구들은 그들을 위해 이러한 것들을 원하고 그들은 그들의 삶과 유산의 중요성을 인지한다.

성공적인 스태프 훈련(staff training) 노력(예: Sandjojo et al., 2008)은 지적장애인들이 Sen 센(1999)이 마음에 그린 개인적 통제를 향하여 전진하도록 도왔다. 스태프의 정서지능을 향상하는 데 초점을 둔 다른 노력들(예: Embregts, Zijlmans, Gerits, & Bosman, 2017)은 스태프가 정서적인 관계, 자율성 및 역량을 위해 제공하는 지원을 증가시키는 능력을 보여 왔다.

위험 감수의 존엄성

유엔의 장애인권리협약(United Nations, 2006)은 일상적인 사회적 경제적 생활에 참여를 위해 다른 사람들과 같은 기회를 장애인에게 제공하는 것의 중요성을 강조한다. 그리고 아동권리협약(United Nations, 1989)은 장애아동을 포함한 모든 아동은 차별로부터 자유로워야 한다고 서술한다. 완전한 참여의 한 측면은 평범한 생활

(normal life)에 내재된 위험이며, 지적장애인을 지원하는 서비스 제공자와 가족들은 책임 있는 위험 감수(responsible risk)와 연관된 존엄성을 이해해야 한다. 교통, 직장, 학교, 쇼핑센터 그리고 일상생활의 수많은 다른 환경들은 어느 수준의 위험과 함께 우리 옆에 있다. 그리고 지적장애인을 지원하는 사람들에게는 개인의 복지와 더불어 다른 사람의 안전, 그 사람의 다른 권리들(예: 프라이버시) 그리고 돌봄제공자의 경계와 같은 다른 요소들에 반해서 위험을 균형 맞출 의무가 있다(ACIA, 2017). 돌봄에 대한 과잉보호 접근들은 사람들로부터 평범한 생활의 존엄성을 빼앗을 수 있다. Perske 퍼스키(1972)는 위험 감수의 존엄성의 중요성에 대해 이렇게 요약하였다:

> 우리가 사는 세상은 언제나 안전하거나 안심하거나 예측가능하지 않다. 세상은 "부탁합니다." 혹은 "실례합니다."라고 언제나 말하지 않는다. 매일 어떤 것도 위태롭게 할 수 있는 상황, 심지어 우리 삶을 위태롭게 하는 상황에 대항하여 우리가 어쩔 수 없게 될 가능성이 있다. 이것이 현실의 세계이다. 우리는 이러한 날들을 준비하기 위해 우리 안에 있는 모든 인간의 자원을 개발하기 위해 노력해야만 한다(p. 5).

환경들은 지적장애인을 가두고, 위험을 피하게 하고, 보호하기 위해 자주 건축된다. 사람들이 안전해야함에도 불구하고,

Wolfensberger 울펜스버거(1969)가 "건물의 언어"(language of a building)라고 논의하면서 지적하였듯이, 언어, 건축물 및 대중의 태도 모두는 지적장애인에 관한 기대에 대해 중요한 메시지를 전달할 수 있다. 그것들은 무력감과 희망이 없는 것의 한 메시지를 전달할 수 있거나 혹은 그것들은, Ray Loomis 레이 루미스가 그의 동료 시민들을 충고하듯이, 사람들은 세계로 나와야 한다는 것을 제안할 수 있다. 그 누구도 무책임한 위험에 노출되어서는 안 되지만 삶의 존엄성은 합리적인 위험 감수의 존엄성에 연관된 존중으로 연결되어야 한다.

죽어 가는 과정의 존엄성

아마도 우리 자신의 두려움 때문에, 우리는 죽음에 대해 이야기하는 것을 피하고, 그 결과 죽어 가는 과정을 비인간화하기도 한다(Porthoff, 1972). 지적장애인을 포함하여 우리 모두는 죽음에 대해 논의하고 계획하는 것에 대하여 솔직해져야 한다. 최근에 일반 인구 사이에서 삶의 마지막을 계획하는 것이 점점 더 평범해졌다. 그러나 그러한 계획은 지적장애인에게는 훨씬 덜 평범한 일이다. 그렇지만 좋은 죽음으로 이끄는 지원은 사람들로 하여금 그들이 자율성을 가지며 그리고 삶의 마지막에 존중받는 것과 연관된 존엄성을 경험하게 할 수 있다(Burke et al., 2017). 죽음에 대한 논의는 친구들 혹은 가족이 죽을 때, TV 혹은 영화에서 죽음이 발생

할 때, 지적장애인의 죽음이 다가올 때, 도움이 될 수 있으며; 그 논의는 그 사람에게 이해가능하고 의미 있는 쉽고 분명하고, 복잡하지 않은 언어로 이루어져야 한다. Brown브라운(2009)은 그의 아들 Walker워커와 함께 한 친구나 동거인의 죽음에 대해 이야기를 할 때, 이것의 좋은 예를 제공하였다. 사람들이 죽음을 이해하고 이야기할 수 있게 그리고 그들은 그들을 남겨놓고 떠난 사람들의 기억들과 삶을 생각하며 살아갈 것이라는 것을 인지하도록 돕는 것은 중요하다(Todd & Read, 2009).

죽어 가는 과정과 죽음의 중요한 한 측면은 대부분 사람이 그들의 통제 밖의 방식으로 죽는다는 것과 죽음 자체의 순간 혹은 소위 "좋은 죽음"의 가능성에 대한 인지가 없을 수 있다는 것을 인정하는 것이다. 그래서, 한 개인의 삶의 의미—죽음에서 개인의 정체성을 구조화하는 것(예: van der Kloot Meijburg, 2005 참조)에 대한 심사숙고의 몫은 가족과 친구들에게 남겨진다. 제7장과 제8장에서 우리가 보아 왔듯이, 지적장애인과 그들의 가족들과 친구들과 함께, 그들이 어떻게 기억되기를 원하는지에 대해—그들이 남기기를 희망하는 유산—그리고 그들의 삶의 만족과 기억들에 대해 이야기하는 것은 가능할 뿐 아니라 바람직하다.

9장의 마무리

우리는 인간성과 도덕성에 대한 전통적인 철학적 관점들의 한계, 생의학적 혹은 지능지수에 기반한 개인적 특성으로 한정하는 지적장애 개념의 부적절성에 대해 제안하였다. 그 대신 도덕적 공동체는 모든 사람의 역량을 고려해야만 하고, 장애는 개인 내부와 관련된 것만큼 사회적 맥락에 관련되어 실재한다는 것을 인정해야만 하고, 그리고 공동체는 모든 사람이 참여할 수 있게 하는 지원을 제공하여야 할 책임이 있다는 것을 인정해야 한다. 새로운 도덕적 공동체는 지적장애인의 삶의 질과 죽음의 존엄성을 향상시킬 수 있다. 그 공동체는 가족들, 친구들, 지역사회들 및 더 광범위한 사회에 그들의 유산과 그들의 중요성을 인정할 수 있다.

만약 우리가 개성(personhood)에 대해 Nussbaum누스바움(2006)과 함께, 고유한 개인적 역량의 견지에서 생각한다면, 우리는 역량을 좋은 사회적 관계(Azuma & Kashiwagi, 1987; Ruzgis & Grigorenko, 1994); 사회적 책무성(Serpell, Marigan, & Harvey, 1993); 의미 있는 가족 참여(Super & Harkness, 1982); 돌봄의 능력(Jaworska, 2010) 혹은 친절함(Wober, 1972)에서 보는 그러한 문화에 합류할 수 있다. 이러한 사회적 선(social goods)의 개발을 우리가 지원할 수 있는 정도에 따라, 우리는 지적장애인이 존중과 존엄성을 가지고 그들의 집과 지역사회에서 풍성한 삶을 사는 것을 그려볼 수 있다. 성장,

관계 그리고 지역사회에서 풍부한 삶은 새로운 도덕성의 특징, 잘 살고 잘 죽는 것의 토대 그리고 존중과 존엄성의 유산을 위한 기반 이다.

참고문헌

Abandoned (2018). *Eastern State Hospital*. Retrieved from: http://abandonedonline.net/legacy-locations/eastern-state-hospital/

ACIA (2017). Duty of care and dignity of risk. Retrieved from: http://www.acia.net.au/wp-content/uploads/2016/04/ACIA-017-Balancing-Duty-of-Care-and-Dignity-of-Risk.pdf

Ahlbom, L. J., Panek, P. E., & Jungers, M. K. (2008). College students' perceptions of per-sons with intellectual disability at three ages. *Research in Developmental Disabilities, 29*, 61-69. doi: 10.1016/j.ridd.2006.11.001

Ailey, S. H., Brown, P. J., & Ridge, C. M. (2017). Improving hospital care of patients with intellectual and developmental disabilities. *Disability and Health Journal, 10*, 169-172. doi: 10.1016/j.dhjo.2016.12.019

Aldridge, R. B. (1969). Notes on children's burial grounds in Mayo. *The Journal of the Royal Society of Antiquaries of Ireland, 99*, 83-87.

Ali, A., Kock, E., Molteno, C., Mfiki, N., King, M., & Strydom, A. (2015). Ethnicity and self-reported experiences of stigma in adults with intellectual disability in Cape Town, South Africa. *Journal of Intellectual Disability Research, 59*, 530-540. doi: 10.1111/jir.12158

American Association on Intellectual and Developmental Disabilities (2012a, July 11). Caring at the end of life. Available at: https://aaidd.org/news-policy/policy/ position-statements/caring-at-the-end-of-life#.

American Association on Intellectual and Developmental Disabilities (2012b, July 11). Growth attenuation. Available at: https://aaidd.org/news-policy/policy/ position-statements/growth-attenuation

American Association on Intellectual and Developmental Disabilities (AAIDD; 2015). *Human and civil rights: Joint position statement of AAIDD and The ARC*. Retrieved from: https://aaidd.org/news-policy/policy/ position-statements/human-and-civil-rights

Andrews, F. M. (1974). Social indicators of perceived life quality. *Social Indicators Research, 1*, 279-299. doi: 10.1007/BF00303860

Andrews, L. W. (2005, July 1). Hiring people with intellectual disabilities. Society for Human Resource Management *HR Magazine*. Retrieved from: https://www.shrm.org/hr-today/news/hr-magazine/

pages/0705andrews.aspx

Antlfinger, C. (2015, Sept. 1). Volunteers recognize mentally ill buried in unmarked graves. *The Seattle Times*. Retrieved from: https://www.seattletimes.com/nation-world/volunteers-recognize-mentally-ill-buried-in-unmarked-graves/

Appelbaum, P. S. (2009). Mental retardation and the death penalty: After Atkins. *Psychiatric Services, 60*, 1295-1297. doi: 10.1176/appi.ps60.10.1295

ARC of Nebraska (1998). *1998 Nebraska developmental disabilities service provider profiles*. Lin-coln, NE: Author.

ARC of Nebraska (1999). *1999 Nebraska developmental disabilities provider profiles*. Lincoln, NE: Author.

ARC of Nebraska (2000). *2000 Nebraska developmental disabilities provider profiles*. *Lincoln*, NE: Author.

ARC of Nebraska (2001). *2001 Nebraska developmental disabilities provider profiles*. Lincoln, NE: Author.

ARC of Nebraska (2002). *2002 Nebraska developmental disabilities provider profiles*. Lincoln, NE: Author.

ARC of Nebraska (2003). *2003 Nebraska developmental disabilities provider profiles*. Lincoln, NE: Author.

Aristotle (1988). *Politics* (S. Everson, Trans.). Cambridge, UK: Cambridge University Press(original work c. 350 BCE).

Arnold, S. R. C., Riches, V. C., & Stancliffe, R. J. (2011). Intelligence is as intelligence does: Can additional support needs replace disability? *Journal of Intellectual and Developmental Disability, 36*, 254-258. doi: 10.3109/13668250.2011.617732

Arnold, S. R. C., Riches, V. C., Parmenter, T. R., & Stancliffe, R. J. (2009). The I-CAN: Using e-Health to get people the support they need. *Electronic Journal of Health Informatics, 4*(1), e4.

Asmus, J. M., Carter, E. W., Moss, C. K., Biggs, E. E., Bolt, D. M., Born, T. L., Bottema-Beutel, K., Brock, M. E., Cattey, G. N., Cooney, M., Fesperman, E. S., Hochman, J. M., Huber, H. B., Lequia, J. L., Lyons, G. L., Vincent, L. B., & Weir, K. (2017). Efficacy and social validity of peer network interventions for high school stu-dents with severe disabilities. *American Journal on Intellectual and Developmental Disabilities, 122*, 118-137. doi: 10.1352/1944-7558-122.2.118

Atkins v Virginia 536 U.S. 304 (2002)

Aubert-Marson, D. (2009). Sir Francis Galton: The father of eugenics. *Medecine Sciences, 25*, 641-645. doi: 10.1052/medsci/2009256-7641

Austin, R. D., & Pisano, G. P. (2017). Neurodiversity as a competitive advantage: Why you should embrace it in your workforce. *Harvard Business Review, 95*, 98-103. Retrieved from: https://hbr.org/2017/05/neurodiversity-as-a-competitive-advantage

Axel, K., & Beyer, S. (2013). Supported employment for young people with intellectual dis-abilities facilitated through peer support: A pilot study. *Journal of Intellectual Disabilities, 17*, 236-251. doi: 10.1177/1744629513495265

Azuma, H., & Kashiwagi, K. (1987). Descriptions for an intelligent person: A Japanese study. *Japanese Psychological Research, 29*, 17-26. doi: 10.4992/psycholres1954.29.17

Barnes, E. (2016). *The minority body: A theory of disability.* Oxford, UK: Oxford University Press.

Barr, M. W. (1899). The how, the why, and the wherefore of the training of feeble-minded children. *Journal of Psycho-Asthenics, 4*, 204-212.

Barr, M. W. (1902a). The imbecile and epileptic versus the tax-payer and the community. *Proceedings of the National Conference of Charities and Correction*, 161-165.

Barr, M. W. (1902b). The imperative call of our present to our future. *Journal of Psycho-Asthenics, 7*, 5-8.

Baumeister, R. F. (1991). *Meanings of life.* New York, NY: Guilford Press.

Beadle-Brown, J., Leigh, J., Whelton, B., Richardson, L., Beecham, J., Baumker, T., & Bradshaw, J. (2016). Quality of life and quality of support for people with severe intellectual disability and complex needs. *Journal of Applied Research in Intellectual Disabilities, 29*, 409-421. doi: 10.1111/jar.12200

Beart, S., Hardy, G., & Buchan, L. (2005). How people with intellectual disabilities view their social identity: A review of the literature. *Journal of Applied Research in Intellectual Disabilities, 18*, 47-56. doi: 10.1111/j.1468-3148.2004.00218.x

Beighton, C., & Wills, J. (2017). Are parents identifying positive aspects to parenting their child with an intellectual disability or are they just coping? A qualitative exploration. *Journal of Intellectual Disabilities, 21*, 325-345. doi: 10.1177/1744629516656073

Beirne-Smith, M., Patton, J. R., & Ittenbach, R. (1994). *Mental retardation* (4th ed.). New York, NY: Merrill.

Bejoian, L. M. (2006). Nondualistic paradigms in disability studies & Buddhism: Creating bridges for theoretical practice. *Disability Studies Quarterly, 26* (3). doi: 10.18061/dsq.v26i3

Bekkema, N., de Veer, A. J. E., Hertogh, C. M. P. M., & Francke, A. L. (2014). Respecting autonomy in the end-of-life care of people with intellectual disabilities: A qualitative multiple-case study. *Journal of Intellectual Disability Research, 58*, 368-380. doi: 0.1111/jir.12023

Berkson, G. (2006). Mental disabilities in western civilization from ancient Rome to the Prerogativa Regis. *Mental Retardation, 44*, 28-40.

Bertoli, M., Biasini, G., Calignano, M. T., Celani, G., De Grossi, G., Digillo, M. C., Fermariello, C. C., Loffredo, G., Luchino, F., Marchese, A., Mazotti, S., Menghi, B., Razzano, C., Tiano, C., Zambon Hobart, A., Zampino, G., & Zuccala, G. (2011). Needs and challenges of daily life for people with Down syndrome residing in the city of Rome, Italy. *Journal of Intellectual Disability Research, 55*, 801-820. doi: 10.1111/j.1365-2788.2011.01432.x

Bérubé, M. (2010). Equality, freedom, and/or justice for all. A response to Martha Nuss-baum. In E. F. Kittay & L. Carlson (Eds.), *Cognitive disability and its challenge to moral philosophy* (pp. 97-109). Chichester, UK: Wiley-Blackwell.

Bhopti, A., Brown, T., & Lentin, P. (2016). Family quality of life: A key outcome in early childhood intervention services-A scoping review. *Journal of Early Intervention, 38*, 191-211. doi: 10.1177/1053815116673182

Bigby, C., & Beadle-Brown, J. (2016). Culture in better group homes for people with intel-lectual disability at severe levels. *Intellectual and Developmental Disabilities, 54*, 316-331. doi: 10.1352/1934-9556-54.5.316

Bigby, C., & Knox, M. (2009). "I want to see the queen": Experiences of service use by ageing people with an intellectual disability. *Australian Social Work, 62*, 216-231. doi: 10.1080/03124070902748910

Bigby, C., & Wiesel, I. (2011). Encounter as a dimension of social inclusion for people with intellectual disability: Beyond and between community presence and participation. *Journal of Intellectual & Developmental Disability, 36*, 263-267. doi: 10.3109/13668250.2011.619166

Bigby, C., Bowers, B., & Webber, R. (2011). Planning and decision making about the future care of older group home residents and transition to residential aged care. *Journal of Intellectual Disability Research, 55*, 777-789. doi: 10.1111/j.1365-2788,2010.01297.x

Bigby, C., Knox, M., Beadle-Brown, J., & Clement, T. (2015). 'We just call them people': Positive regard as a dimension of culture in group homes for people with severe intel-lectual disability. *Journal of Applied*

Research in Intellectual Disabilities, 28, 283-295. doi: 10.1111/jar.12128

Bigby, C., Wilson, N. J., Balandin, S., & Stancliffe, R. J. (2011). Disconnected expectations: Staff, family, and supported employee perspectives about retirement. *Journal of Intellectual and Developmental Disability, 36*, 167-174. doi: 10.3109/13668250.2011.598852

Bingham, J. (2013, Mar. 19). Doctors put lower value on lives of the disabled, study finds. *The Telegraph.* Retrieved from: https://www.telegraph.co.uk/news/health/news/9940870/Doctors-put-lower-value-on-lives-of-the-disabled-study-finds.html

Bishop, K. M., Robinson, L. M., & van Lare, S. (2013). Healthy aging for older adults with intellectual and developmental disabilities. *Journal of Psychosocial Nursing and Mental Health Services, 51*, 15-18. doi: 10.3928/02793695-20121218-02

Bittles, A. H., Petterson, B. A., Sullivan, S. G., Hussain, R., Glasson, E. J., & Montgomery, P. D. (2002). The influence of intellectual disability on life expectancy. *The Journals of Gerontology Series A: Biological Sciences and Medical Sciences, 57*, M-470-M472. doi: 10.1111/j.1468-3148.2006.00350.x

Björnsdóttir, K., Stefánsdóttir, G. V., & Stefánsdóttir, A. (2015). 'It's my life': Autonomy and people with intellectual disabilities. *Journal of Intellectual Disabilities, 19*, 5-21. doi: 10.1177/1744629514564691

Blacher, J., Begum, G. F., Marcoulides, G. A., & Baker, B. L. (2013). Longitudinal perspectives of child positive impact on families: Relationship to disability and cul-ture. *American Journal on Intellectual and Developmental Disabilities, 118*, 141-155. doi: 10.1352/1944-7558-118.2.141

Black, E. (2012). *War against the weak: Eugenics and America's campaign to create a master race.* Washington, DC: Dialog Press.

Blatt, B. (1981). How to destroy lives by telling stories. *Journal of Psychiatric Treatment and Evaluation, 3*, 183-191.

Blatt, B. (1999a). The dark side of the mirror. In S. J. Taylor & S. D. Blatt (Eds.), *In search of the promised land: The collected papers of Burton Blatt* (pp. 11-14). Washington, DC: Ameri-can Association on Mental Retardation.

Blatt, B. (1999b). How to destroy lives by telling stories. In S. J. Taylor & S. D. Blatt (Eds.), *In search of the promised land: The collected papers of Burton Blatt* (pp. 83-98). Washington, DC: American Association on Mental Retardation.

Blatt, B. (1999c). Man through a turned lens. In S. J. Taylor & S. D. Blatt (Eds.), *In search of the promised land: The collected papers of Burton Blatt* (pp.

71-82). Washington, DC: Ameri-can Association on Mental Retardation.

Blatt, B. (1999d). This crazy business. In S. J. Taylor & S. D. Blatt (Eds.), *In search of the promised land: The collected papers of Burton Blatt* (pp. 125-143). Washington, DC: American Association on Mental Retardation.

Blatt, B., & Kaplan, F. (1966). *Christmas in purgatory: A photographic essay on mental retardation*. Boston, MA: Allyn & Bacon.

Boffey, D. (2018, Mar. 12). Dutch prosecutors to investigate euthanasia cases after sharp rise. *The Guardian*. Retrieved from: https://www.theguardian.com/world/2018/mar/12/dutch-prosecutors-investigate-euthanasia-cases-sharp-rise-docter-assisted-deathsnetherlands

Bogdan, R. (1988). *Freak show: Presenting human oddities for amusement and profit*. Chicago, IL: The University of Chicago Press.

Bonham, G. S., Basehart, S., Schalock, R. L., Marchand, C. B., Kirchner, N., & Rumenap, J. M. (2004). Consumer-based quality of life assessment: The Maryland Ask Me! Proj-ect. *Mental Retardation, 42*, 338-355. doi: 10.1352/0047-6765(2004)42%3C338:CQOLAT%3E2.0.CO;2

Bouche, T., & Rivard, L. (2014, Sept. 18). America's hidden history: The eugenics movement. Genetics Generation. Retrieved from: www.nature.com/scitable/forums/genetics-generation/america-s-hidden-history-the-eugenics-movement-123919444

Boyd, C. (2007, Nov. 8). Ceremony at the old Hastings State Hospital cemetery. MINNPOST. Retrieved from: https://www.minnpost.com/politics-policy/2007/11/grave-grave-group-restores-minnesotans-forgotten-lives/

Breau, L., & Camfield, C. (2011). Pain disrupts sleep in children and youth with intellectual and developmental disabilities. *Research in Developmental Disabilities, 32*, 2829-2840. doi: 10.1016/j.ridd.2011.05.023

Brown, I. (2009). *The boy in the moon: A father's journey to understand his extraordinary son*. New York, NY: St. Martin's Press.

Brown, I. (2011). The absence of normal "frees us." *Bloom*. Retrieved from: http://bloom-parentingkidswithdisabilities.blogspot.com/2011/07/absence-of-normal-frees-us.html

Buck v. Bell, 274 U.S. 200 (1927).

Buntinx, W. (2016). Adaptive behaviour and support needs. In A. Carr, C. Linehan, G. O'Reilly, P. N. Walsh, & J. McEvoy (Eds.), *Intellectual disability and clinical psychology practice* (2nd ed., pp. 107-135). Abingdon, UK: Routledge.

Buntinx, W. H. E., & Schalock, R. L. (2010). Models of disability, quality of life, and individualized supports: Implications for professional practice in intellectual dis-ability. *Journal of Policy and Practice in Intellectual Disabilities, 7*, 283-294. doi: 10.1111/j.1741-1130.2010.00278.x

Burgdorf, M. P., & Burgdorf, R., Jr. (1975). A history of unequal treatment: The qualifications of handicapped persons as a "suspect class" under the equal protection clause. *Santa Clara Lawyer, 15*, 855-910.

Burke, E., O'Dwyer, C., Ryan, K., McCallion, P., & McCarron, M. (2017). *Glancing back, planning forward, a guide for planning end of life care with people with intellectual disability.* Intellectual disability supplement to The Irish Longitudinal Study on Ageing. Dublin, Ireland: Trinity College.

Burton-Smith, R., McVilly, K. R., Yazbeck, M., Parmenter, T. R., & Tsutsui, T. (2009). Quality of life of Australian family carers: Implications for research, policy, and practice. *Journal of Policy and Practice in Intellectual Disabilities, 6*, 189-198. doi: 10.1111/j.1741-1130.2009.00227.x

Butterfield, E. C. (1969). Basic facts about public residential facilities for the mentally retarded. In R. B. Kugel & W. Wolfensberger (Eds.), *Changing patterns in residential services for the mentally retarded.* Washington, DC: President's Committee on Mental Retardation.

Buys, L. R., & Rushworth, J. S. (1997). Community services available to older adults with intellectual disabilities. *Journal of Intellectual and Developmental Disability, 22*, 29-37. doi: 10.1080/13668259700033271

Buys, L., Boulton-Lewis, G., Tedman-Jones, J., Edwards, H., & Knox, M. (2008). Issues of active ageing: Perceptions of older people with lifelong intellectual disability. *Australasian Journal on Ageing, 27*, 67-71. doi: 10.1111/j.1741-6612.2006.00287.x

Café caters to mentally disabled. (2014, June 19). *Japan Times.* Retrieved from: https://www.japantimes.co.jp/news/2014/06/19/national/cafe-caters-to-mentally-disabled/#.q

Campbell, A. (1976). Subjective measures of well-being. *American Psychologist, 31*, 117-124. doi: 10.1037/0003-066X.31.2.117

Carlson, L. (2009). *The faces of intellectual disability: Philosophical reflections.* Bloomington, IN: Indiana University Press.

Carr, A., & O'Reilly, G. (2016). Lifespan development and the family lifecycle. In A. Carr, C. Linehan, G. O'Reilly, P. N. Walsh, & J. McEvoy (Eds.), *The handbook of intellectual disability and clinical psychology practice* (pp. 45-78). London, UK: Routledge.

Carter, E. W., Boehm, T. L., Biggs, E. E., Annandale, N. H., Taylor, C. E., Loock, A. K., & Liu, R. Y. (2015). Known for my strengths: Positive traits of transition-age youth with intellectual disability and/or autism. *Research and Practice for Persons with Severe Disabilities, 40,* 101-119. doi: 10.1177/1540796915592158

Carter, E. W., Brock, M. E., & Trainer, A. A. (2012). Transition assessment and planning for youth with severe intellectual and developmental disabilities. *The Journal of Special Education, 47,* 245-255. doi: 10.1177/0022466912456241

Charron, P. (1707). *Of wisdom: Three books* (2nd ed., trans. G. Stanhope). London.

Chiu, M. Y. L., Yang, X., Wong, F. H. T., Li, J. H., & Li, J. (2013). Caregiving of children with intellectual disabilities in China-An examination of affiliate stigma and the cultural thesis. *Journal of Intellectual Disability Research, 57,* 1117-1129. doi: 10.1111/j.1365-2788.2012.01624.x

Chochinov, H. M. (2002). Dignity-conserving care-A new model for palliative care. *JAMA, 287,* 2253-2260. doi: 10.1001/jama.287.17.2253

Chowdhury, M., & Benson, B. A. (2011). Deinstitutionalization and quality of life of individuals with intellectual disability: A review of the international lit-erature. *Journal of Policy and Practice in Intellectual Disabilities, 8,* 256-265. doi:10.1111/j.1741-1130.2011.00325.x

Citizens Commission on Human Rights (2018). *Chronology of psychiatry's role in creating the holocaust.* Retrieved from https://www.cchr.org/documentaries/age-of-fear/creating-the-holocaust.html

Cohen, S. R., Holloway, S. D., Dominguez-Pareto, I., & Kuppermann, M. (2014). Receiving or believing in family support? Contributors to the life quality of Latino and non-Latino families of children with disability. *Journal of Intellectual Disability Research, 58,* 333-345. doi: 10.1111/jir.12016

Coles, R. (1989). *The call of stories: Teaching and moral imagination.* Boston, MA: Houghton Mifflin.

Cummins, R. A. (1995). Assessing quality of life. In R. I. Brown (Ed.), *Quality of life for handicapped people* (pp. 102-120). London, UK: Chapman & Hall.

Cummins, R. A. (1997). *Comprehensive quality of life scale-Intellectual disability* (5th ed.). Melbourne, Australia: Deakin University School of Psychology.

Cummins, R. A. (2001). The subjective well-being of people caring for a family member with a severe disability at home. A review. *Journal of Intellectual & Developmental Disability, 26,* 83-100. doi: 10.1080/13668250020032787

Davis, F. G. (1991). *Who is black? One nation's definition*. University Park, PA: Pennsylvania State University Press.

Death Penalty Information Center (2018). *Part I: History of the death penalty*. Retrieved from: https://deathpenaltyinfo.org/part-i-history-death-penalty

DeFrain, J. (1999). Strong families. *Family Matters, 53*, 6-13.

Dempsey, J. (2000, July 12). Worcester State Hospital Hillside Cemetery renovation project. *Worcester Telegram & Gazette*. Retrieved from: http://www.nekg-vt.com/Shrewsbury/Hill-side/hillside.htm

Dennis, M. K., & Washington, K. T. (2018). "Just let me go": End-of-life planning among Ojibwe elders. *The Gerontologist, 58*, 300-307. doi: 10.1093/geront/gnw151

Dennis, R. (2002). Nonverbal narratives: Listening to people with severe intellectual dis-ability. *Research and Practice for Persons with Severe Disabilities, 27*, 239-249. doi: 10.2511/rpsd.27.4.239

Descartes, R. (1952). Meditations (L. LaFleur, Trans.), Upper Saddle River, NJ: Prentice Hall (original work published 1641).

Dew, A. Llewellyn, G., & Gorman, J. (2006). "Having the time of my life": An exploratory study of women with intellectual disability growing older. *Health Care for Women International, 27*, 908-929. doi: 10.1080/07399330600880541

Dewar, R., Cahners, N., Mitchell, C., & Forrow, L. (2015). Hinduism and death with dignity: Historic and contemporary case examples. *The Journal of Clinical Ethics, 26*, 40-47.

Dewey, J. (1896). The reflex arc concept in psychology. *Psychological Review, 3*, 357-370. doi: 10.1037/h0070405

Dewey, J. (1922). *Human nature and conduct*. New York, NY: The Modern Library.

Dewey, J. (1934). *Art as experience*. New York, NY: Putnam.

Dewey, J. (1988). The public and its problems. In J. Boydston (Ed.), *The later works of John Dewey, vol. 2* (pp. 235-372). Carbondale, IL: Southern Illinois University Press. (Original work published 1927).

DiConsiglio, J. (2015, April 8). The Holocaust killing centers: An historical nightmare for the disabled. *George Washington University Columbian College of Arts & Sciences Spotlight*. Retrieved from: https://columbian.gwu.edu/holocaust-killing-centers-historicalnightmare-disabled

Ditchman, N., Easton, A. B., Batchos, E., Rafajko, S., & Shah, N. (2017). The impact of cul-ture on attitudes toward the sexuality of people with intellectual disabilities. *Sexuality and Disability, 35*, 245-260. doi:

10.1007/s11195-017-9484-x

Division on Mental Retardation and Developmental Disabilities of the Council for Excep-tional Children (1992). *MRDD position statement: Capital punishment and individuals with mental retardation*. Reston, VA: Author.

Dobbs, D. (2007, July 8). The gregarious brain. *NY Times Magazine*. Retrieved from: http://www.nytimes.com/2007/07/08/magazine/08sociability-t.html?pagewanted=all

Dockrill, P. (2017, May 9). Up to 7,000 asylum graves are thought to be hidden under the University of Mississippi. *Science Alert*. Retrieved from: https://www.sciencealert.com/up-to-7-000-asylum-graves-are-estimated-to-be-buried-under-the-university-ofmississippi

Dorozenko, K. P., Roberts, L. D., & Bishop, B. J. (2015). Imposed identities and limited opportunities: Advocacy agency staff perspectives on the construction of their clients with disabilities. *Journal of Intellectual Disabilities, 19*, 282-299. doi: 10.1177/1744629515574210

Dowling, S., Manthorpe, J., & Cowley, S. (2007). Working on person-centred plan-ning: From amber to green light? *Journal of Intellectual Disabilities, 11*, 65-82. doi: 0.1177-1744629507073999

Duc, J. K., Herbert, A. R., & Heussler, H. S. (2017). Paediatric palliative care and intellec-tual disability-A unique context. *Journal of Applied Research in Intellectual Disabilities, 30*, 1111-1124. doi: 10.1111/jar.12389

Dudley, M., & Gale, F. (2002). Psychiatrists as moral community? Psychiatry under the Nazis and its contemporary relevance. *Australian and New Zealand Journal of Psychiatry, 36*, 585-594. doi: 10.1046/j.1440-1614.2002.01072.x

Duggan, C. (2018, Feb. 5). Families call for church intervention over Whalley grave distur-bance fears. *Lancashire Telegraph*. Retrieved from: https://www.lancashiretelegraph.co.uk/news/15919702.families-call-for-church-intervention-over-grave-disturbance-fears/

Dunn, D. S. (2014, Sept. 30). People with disabilities aren't heroes-They're people. Psychology Benefits Society. Retrieved from: https://psychologybenefits.org/2014/09/30/people-with-disabilities-arent-heroes-theyre-people/

Dybwad, G. (1999). What went wrong? In M. A. Allard, A. M. Howard, L. E. Vorderer, & A. I. Wells (Eds.), *Ahead of his time: Selected speeches of Gunnar Dybwad* (pp. 67-70). Wash-ington, DC: American Association on Mental Retardation.

Dykens, E. M. (2005). Happiness, well-being, and character strengths:

Outcomes for families and siblings of persons with mental retardation. *Mental Retardation, 43*, 360-364. doi:

Eberhardt, J. L., & Randall, J. L. (1997). The essential notion of race. *Psychological Science, 8*, 198-203. doi: 10.1111/j.1467-9280.1997.tb00412.x

Egan, H. P. (2018, Mar. 14). Perky Planet Café will employ people with disabilities. *Seven Days*. Retrieved from: https://www.sevendaysvt.com/vermont/perky-planet-cafe-will-employ-people-with-disabilities/Content?oid=13596011

Elks, M. A. (2005).Visual indictment: A contextual analysis of The Kallikak Family photo-graphs. *Mental Retardation, 43*, 268-280. doi: 10.1352/0047-6765(2005)43%5B268:VIACAO%5D2.0.CO;2

Elphinstone, L. (2018). Cultural competence for teachers and students. In K. D. Keith (Ed.), *Culture across the curriculum: A psychology teacher's handbook* (pp. 46-67). Cambridge, UK: Cambridge University Press.

Emerson, E., & Hatton, C. (1996). Deinstitutionalization in the UK and Ireland: Outcomes for service users. *Journal of Intellectual and Developmental Disability, 21*, 17-37. doi: 10.1080/13668259600033021

Evans, E. C. (1945). Galen the physician as physiognomist. *Transactions and Proceedings of the American Philological Association, 76*, 374-382.

Evans, S. E. (2004). *Forgotten crimes: The Holocaust and people with disabilities*. Chicago, IL: Ivan R. Dee.

Fair Punishment Project (2016, Sept.). *Too broken to fix: Part II: An in-depth look at America's outlier death penalty counties*. Harvard Law School Charles Hamilton Houston Institute for Race & Justice and Criminal Justice Institute. Retrieved from: http://fairpunishment.org/wp-content/uploads/2016/12/FPP-TooBroken_II.pdf

Felce, D. (1997). Defining and applying the concept of quality of life. *Journal of Intellectual Disability Research, 41*, 126-135. doi: 10.1111/j.1365-2788.1997.tb00689.x

Felce, D. (2000). Engagement in activity as an indicator of quality of life in British research. In K. D. Keith & R. L. Schalock (Eds.), *Cross-cultural perspectives on quality of life* (pp. 173-190). Washington, DC: American Association on Mental Retardation.

Ferdinand, R., & Marcus, J. (2002). Doing what we had to do in the 1950s: Parents build the foundation. In R. L. Schalock (Ed.), *Out of the darkness and into the light* (pp. 123-134). Washington, DC: American Association on Mental Retardation.

Fernald, W. E. (1893). The history of the treatment of the feeble-minded.

Proceedings of the National Conference of Charities and Correction (pp. 203-221). Boston, MA: Geo. H. Ellis Co.

Fernald, W. E. (1902). The Massachusetts Farm Colony for the Feeble-Minded. In I. C. Bar-rows (Ed.), *Proceedings of the National Conference of Charities and Correction, Twenty-Ninth Session* (pp. 487-490). Boston, MA: Geo. H. Ellis Co.

Fernald, W. E. (1915). What is practical in the way of prevention of mental defect? *Proceedings of the National Conference of Charities and Correction*, 289-297.

Fesko, S. L., Hall, A. C., Quinlan, J., & Jockell, C. (2012). Active aging for individuals with intellectual disability: Meaningful community participation through employment, retire-ment, service, and volunteerism. *American Journal on Intellectual and Developmental Disabilities, 117*, 497-508. doi: 10.1352/1944-7558-117-06.497

Fesmire, S. (2003). *John Dewey and moral imagination*. Bloomington, IN: Indiana University Press.

Feudtner, C., Kang, T. I., Hexem, K. R., Friedrichsdorf, S. J., Osenga, K., Siden, H., Friebert, S. E., Hays, R. M., Dussel, V., & Wolfe, J. (2011). Pediatric palliative care patients: A prospective multicenter cohort study. *Pediatrics, 127*, 1094-1101. doi: 10.1542/peds.2010-3225

Field, G. (2016, Mar. 22). Should parents of children with severe disabilities be allowed to stop their growth? *New York Times Magazine.*

Find a Grave (2018). *Eastern State Hospital Cemetery*. Retrieved from: https://www.findagrave.com/cemetery/2195548/eastern-state-hospital-cemetery

Findler, L., & Vardi, A. (2009). Psychological growth among siblings of children with and without intellectual disabilities. *Intellectual and Developmental Disabilities, 47*, 1-12. doi: 10.1352/2009.47:1-1

Finlay, N. (2000). Outside of life: Traditions of infant burial in Ireland from cillin to cist. *World Archaeology, 31*, 407-422. doi: 10.1080/004382400096929

Fisher, M. H. (2016). Heightened social vulnerability among adults with IDD: Findings, perspectives, and needed interventions. In J. R. Lutzker, K. Guastaferro, & M. L. Benka-Coker (Eds.), *Maltreatment of people with intellectual and developmental disabilities* (pp. 139-162). Washington, DC: American Association on Intellectual and Developmental Disabilities.

Fliesler, N. (2016, Mar. 8). Living with an intellectual disability: One couple's story. *Thriving*. Retrieved from https://thriving.childrenshospital.org/living-intellectual-disability-onecouples-story/

Floyd, F. J., Purcell, S. E., Richardson, S. S., & Kupersmidt, J. B. (2009). Sibling relationship quality and social functioning of children and adolescents with intellectual dis-ability. *American Journal on Intellectual and Developmental Disabilities, 114*, 110-127. doi: 10.1352/2009.114.119-127

Foley, K. F. (2015). Foreword. In E. A. Polloway (Ed.), *The death penalty and intellectual disability* (pp. x-xii). Washington, DC: American Association on Intellectual and Developmen-tal Disabilities.

Forrester-Jones, R. (2013). The road barely taken: Funerals, and people with intellectual dis-abilities. *Journal of Applied Research in Intellectual Disabilities, 26*, 243-256. doi: 10.1111/jar.12022

Forrester-Jones, R., Beecham, J. K., Barnoux, M., Oliver, D., Couch, E.,& Bates, C. (2017). People with intellectual disabilities at the end of their lives: The case for specialist care? *Journal of Applied Research in Intellectual Disabilities, 30*, 1138-1150. doi: 10.1111/jar.12412

French, L. A. (2005). Mental retardation and the death penalty: The clinical and legal leg-acy. *Federal Probation, 69*(1). Retrieved from: http://www.uscourts.gov/sites/default/files/69_1_4_0.pdf

Friedlander, H. (1995). *The origins of Nazi genocide: From euthanasia to the final solution*. Chapel Hill, NC: The University of North Carolina Press.

Galton, F. (1869). *Hereditary genius: An inquiry into its laws and consequences.* London, UK: Macmillan.

Garattini, C. (2007). Creating memories: Material culture and infantile death in contempo-rary Ireland. *Mortality, 12*, 193-206. doi: 10.1080/13576270701255172

Georgiadi, M., Kalyva, E., Kourkoutas, E., & Tsakiris, V. (2012). Young children's attitudes toward peers with intellectual disabilities: Effect of the type of school. *Journal of Applied Research in Intellectual Disabilities, 25*, 531-541. doi: 10.1111/j.1468-3148.2012.00699.x

Gilligan, C. (1982). *In a different voice: Psychological theory and women's development*. Cambridge, MA: Harvard University Press.

Giné, C., Gràcia, M., Vilaseca, R., Beltran, F. S., Balcells-Balcells, A., Montalà, M. D., Mestre, J. M. M. (2015). Family quality of life for people with intellectual disabilities in Catalonia. *Journal of Policy and Practice in Intellectual Disabilities, 12*, 244-254. doi: 10.1111/jppi.12134

Gire, J. (2014). How death imitates life: Cultural influences on conceptions of death and dying. *Online Readings in Psychology and Culture, 6*(2). doi: 10.9707/2307/2307-0919.1120

Gire, J. T. (2019). Cultural variations in perceptions of aging. In K. D.

Keith (Ed.), *Cross-cultural psychology: Contemporary themes and perspectives* (2nd ed.). Chichester, UK: Wiley-Blackwell.

Glicksman, S., Goldberg, C., Hamel, C., Shore, R., Wein, A., Wood, D., & Zummo, J. (2017). Rights-based and person-centered approaches to supporting people with intellectual disability: A dialectical model. *Intellectual and Developmental Disabilities, 55*, 181-191. doi: 10.1352/1934-9556-55.3.181

Glover, G., Williams, R., Heslop, P., Oyinlola, J., & Grey, J. (2017). Mortality in people with intellectual disabilities in England. *Journal of Intellectual Disability Research, 61*, 62-74. doi: 10.1111/jir.12314

Goddard, H. H. (1912). *The Kallikak family: A study in the heredity of feeble-mindedness*. New York, NY: Macmillan.

Goddard, H. H. (1913a). The Binet tests in relation to immigration. *Journal of Psycho-Asthenics, 18*(2), 105-110.

Goddard, H. H. (1913b). The hereditary factor in feeble-mindedness. *Institutional Quarterly, 4*(2), 9-11.

Goddard, H. H. (1914). *Feeble-mindedness: Its causes and consequences*. New York, NY: Macmillan.

Goddard, H. H. (1917). Mental tests and the immigrant. *The Journal of Delinquency, 2*, 243-277.

Goldman, A. S. (2017, Mar. 23). Leveraging technology in support of people with intellec-tual and developmental disabilities. *Social Innovations Journal*, Issue 32. Retrieved from: http://www.socialinnovationsjournal. org/sectors/101-innovation/2358-leveragingtechnology-in-support-of-people-with-intellectual-and-developmental-disabilities

Goldman, T. (2000). AHVA: A self-help organization for the improvement of quality of life of people with disabilities. In K. D. Keith & R. L. Schalock (Eds.), *Cross-cultural perspectives on quality of life* (pp. 45-54). Washington, DC: American Association on Mental Retardation.

Goode, D., Hill, D., Reiss, J., & Bronston, W. (2013). *A history and sociology of the Willowbrook State School*. Washington, DC: American Association on Intellectual and Developmental Disabilities.

Goode, D., & Hogg, J. (1994). Towards an understanding of holistic quality of life in people with profound intellectual and multiple disabilities. In D. Goode (Ed.), *Quality of life for persons with disabilities: International perspectives and issues* (pp. 197-207). Cambridge, MA: Brookline.

Goodey, C. F. (2011). *A history of intelligence and "intellectual disability": The shaping of psychology in early modern Europe*. Surrey, UK: Ashgate.

Gorwitz, K. (1974). Census enumeration of the mentally ill and the mentally retarded in the nineteenth century. *Health Services Reports, 89*, 180-187. doi: 10.2307/4595007

Gosse, L., Griffiths, D., Owen, F., & Feldman, M. (2017). Impact of an individualized planning approach on personal outcomes and supports for persons with intellectual dis-abilities. *Journal of Policy and Practice in Intellectual Disabilities, 14*, 198-204. doi: 10.1111/jppi.12209

Gould, S. J. (1981). *The mismeasure of man.* New York, NY: Norton.

Grandin, T. (2017). Thinking like animals. In S. J. Armstrong & R. G. Botzler (Eds.), *The animal ethics reader* (pp. 251-253). London, UK: Routledge.

Greenspan, S. (2011). Execution of Joe Arridy: Comments of a forensic expert. *Intellectual and Developmental Disabilities, 49*, 197-202. doi: 10.1352/1934-9556-49.3.197 Greenwood, J. D. (2009). *A conceptual history of psychology.* New York, NY: McGraw-Hill.

Greig, J. R. (2015). *Reconsidering intellectual disability: L'Arche, medical ethics, and Christian friendship.* Washington, D.C.: Georgetown University Press.

Griffiths, J., Weyers, H., & Adams, M. (2008). *Euthanasia and law in Europe.* Oxford, UK: Hart.

Groce, N. E. (1985). *Everyone here spoke sign language: Hereditary deafness on Martha's Vineyard.* Cambridge, MA: Harvard University Press.

Grossman, H. J. (Ed.). (1973). *Manual on terminology and classification in mental retardation.* Washington, DC: American Association on Mental Retardation.

Groulx, R., Doré, R., & Doré, L. (2000). My quality of life as I see it. In K. D. Keith & R. L. Schalock (Eds.), *Cross-cultural perspectives on quality of life* (pp. 23-27). Washington, DC: American Association on Mental Retardation.

Grue, L. (2009). Eugenics and euthanasia-Then and now. *Scandinavian Journal of Disability Research, 12*, 33-45. doi: 10.1080/15017410903076776

Gunther, D., & Diekema, D. (2006). Attenuating growth in children with profound develop-mental disability: A new approach to an old dilemma. *Archives of Pediatrics and Adolescent Medicine, 160*, 1013-1017. doi: 10.1001/archpedi.160.10.1013

Gurung, R. A. R. (2011). Cultural influences on health. In K. D. Keith (Ed.), *Cross-cultural psychology: Contemporary themes and perspectives* (pp. 259-273). Chichester, UK: Wiley-Blackwell.

Hagan, L. D., Drogin, E. Y., & Guilmette, T. J. (2010). Science rather than advocacy when reporting IQ scores. *Professional Psychology: Research and Practice, 41*, 420-423. doi: 10.1037/a0021077

Hall, A. M., & Theron, L. C. (2016). Resilience processes supporting adolescents with intel-lectual disability: A multiple case study. *Intellectual and Developmental Disabilities, 54*, 45-62. doi: 10.1352/1934-9556-54.1.45

Hall, D. (2014, May 29). Saving Ireland's forgotten burial sites. Irish Examiner. Retrieved from: https://www.irishexaminer.com/farming/life/saving-irelands-forgotten-burialsites-270192.html

Harnacke, C. (2016). The Ashley treatment: Improving quality of life or infringing dignity and rights? *Bioethics, 30*, 141-150. doi: 10.1111/bioe.12180

Harper, R. S. (2002). Are we really "out of the dark"? In R. L. Schalock (Ed.), *Out of the darkness and into the light* (pp. 221-227). Washington, DC: American Association on Mental Retardation.

Hastings, R. P. (2002). Parental stress and behaviour problems of children with develop-mental disability. *Journal of Intellectual and Developmental Disability, 27*, 149-160. doi: 10.1080/1366825021000008657

Haveman, M., Tillmann, V., Stoppler, R., Kvas, S., & Monninger, D. (2013). Mobility and public transport use abilities of children and young adults with intellectual disabilities: Results from the 3-Year Nordhorn Public Transportation Intervention Study. *Journal of Policy and Practice in Intellectual Disabilities, 10*, 289-299. doi: 10.1111/jppi.12059

Hawkins, B. A. (1997). Promoting quality of life through leisure and recreation. In R. L. Schalock (Ed.), *Quality of life, vol. II: Application to persons with disabilities* (pp. 117-129). Washington, DC: American Association on Mental Retardation.

Heal, L. W., & Chadsey-Rusch, J. (1985). The Lifestyle Satisfaction Scale (LSS): Assessing individuals' satisfaction with residence, community setting, and associated services. *Applied Research in Mental Retardation, 6*, 475-490. doi: 10.1016/0270-3092(85)90022-0

Hedov, G., Annerén, G., & Wikblad, K. (2002). Swedish parents of children with Down's syndrome. *Scandinavian Journal of Caring Sciences, 16*, 424-430. doi: 10.1046/j.1471-6712.2002.00109.x

Helle, S. (2000). Quality of life: A personal perspective from Finland. In K. D. Keith & R. L. Schalock (Eds.), *Cross-cultural perspectives on quality of life* (pp. 29-31). Washington, DC: American Association on Mental Retardation.

Hensel, E. (2001). Is satisfaction a valid concept in the assessment of quality of life of people with intellectual disabilities? A review of the literature.

Journal of Applied Research in Intellectual Disabilities, 14, 311-326. doi: 10.1046/j.1468-3148.2001.00081.x

Herps, M. A. Buntinx, W. H. E., & Curfs, L. M. G. (2013). Individual support planning: Perceptions and expectations of people with intellectual disabilities in the Netherlands. *Journal of Intellectual Disability Research, 57*, 1027-1036. doi: 10.1111/j.1365-2788.2012.01598.x

Herps, M. A., Buntinx, W. H. E., Schalock, R. L., van Breukelen, G. J. P., & Curfs, L. M. G. (2016). Individual support plans of people with intellectual disabilities in residential ser-vices: Content analysis of goals and resources in relation to client characteristics. *Journal of Intellectual Disability Research, 60*, 254-262. doi: 10.1111/jir.12245

Heslop, P., Blair, P., Fleming, P., Hoghton, M., Marriott, A., & Russ, L. (2013). *Confidential inquiry into premature deaths of people with learning disabilities.* Bristol, UK: Norah Fry Research Centre, University of Bristol.

Hester, D. M. (2001). What to Do About the Mere Potential for Disabilities. *American Journal of Bioethics, 1*(3), 1-2. doi: 10.1162/152651601750418215

Hester, D. M. (2010). *End of life care and pragmatic decision making: A bioethical perspective.* Cambridge, UK: Cambridge University Press.

Hillman, A., Donelly, L., Whitaker, A., Dew, A., Stancliffe, R. J., Knox, M., Shelley, K., Parmenter, T. R. (2012). Experiencing rights within positive, person-centred support networks of people with intellectual disability in Australia. *Journal of Intellectual Disability Research, 56*, 1065-1075. doi: 10.1111/j.1365-2788.2012.01647.x

Hodapp, R. M. (2002). Parenting children with mental retardation. In M. H. Bornstein (Ed.), *Handbook of parenting: Children and parenting* (pp. 355-381). Mahwah, NJ: Lawrence Erlbaum.

Hofstede, G. H. (2001). *Culture's consequences: Comparing values, behaviors, institutions, and organizations across nations* (2nd ed.). Thousand Oaks, CA: Sage.

Holburn, S., Jacobson, J. W., Schwartz, A. A., Flory, M. J., & Vietze, P. M. (2004). The Wil-lowbrook futures project: A longitudinal analysis of person-centered planning. *American Journal on Mental Retardation, 109*, 63-76. doi: 10.1352/0895-8017(2004)109%3C63:TWFPAL%3E2.0.CO;2

Hollingsworth, H. (2010, Oct. 17). Learning independence at college. *San Diego Union-Tribune*, p. A16.

Holocaust Educational Trust (n.d.). Disabled people and the euthanasia programme. Retrieved from: http://www.teachers.org.uk/files/disabled-4pp-a4-7927-.pdf

Hu, X., Wang, M., & Fei, X. (2012). Family quality of life of Chinese families of children with intellectual disabilities. *Journal of Intellectual Disability Research, 56,* 30-44. doi: 10.1111/j.1365-2788.2011.01391.x

Hughes, C., & Hwang, B. (1996). Attempts to conceptualize and measure quality of life. In R. L. Schalock (Ed.), *Quality of life: Vol. I. Conceptualization and measurement* (pp. 51-61). Washington, DC: American Association on Mental Retardation.

Hughes, C., Hwang, B., Kim, J., Eisenman, L. T., & Killian, D. J. (1995). Quality of life in applied research: A review and analysis of empirical measures. *American Journal on Mental Retardation, 99,* 623-641.

Hunt, M. (1994). *The story of psychology.* New York, NY: Anchor Books.

Iacono, T., Bigby, C., Unsworth, C., Douglas, J., & Fitzpatrick, P. (2014). A systematic review of hospital experiences of people with intellectual disability. *BMC Health Services Research, 14,* 505. doi: 10.1186/s12912-014-0505-5.

Inclusion B. C. (2018). Inclusive coffee shop in Burnaby shines light on employment of people with developmental disabilities. Retrieved from: http://www.inclusionbc.org/ employment/whats-new/inclusive-coffee-shop-burnaby-shines-light-employmentpeople-developmental-disa Independent (2016, Oct. 24). Argentine woman becomes first nursery teacher with Down's syndrome. Retrieved from: https://thelogicalindian.com/story-feed/get-inspired/argentine-downs-syndrome-woman/

Institute for Corporate Productivity. (2014). *Employing people with intellectual and developmental disabilities.* Seattle, WA: Author.

International Classification of Functioning (2009). *Towards a common language for functioning, disability, and health.* Geneva, Switzerland: World Health Organization.

Itard, J. M. G. (1962/1801). *The wild boy of Aveyron* (trans. G. Humphrey & M. Humphrey). New York, NY: Appleton-Century-Crofts.

James, W. (1995). *Pragmatism.* Mineola, NY: Dover. (Originally published in 1907).

Jarrett, S. (2012). *Disability in time and place.* English Heritage. Retrieved from: https://content.historicengland.org.uk/content/docs/research/disability-in-time-and-place.pdf

Jaworska, A. (2010). Caring and full moral standing redux. In E. F. Kittay & L. Carlson (Eds.), *Cognitive disability and its challenge to moral philosophy* (pp. 369-392). Chichester, UK: Wiley-Blackwell.

Jenkins, R. (1998). Culture, classification and (in)competence. In R. Jenkins

(Ed.), *Questions of competence: Culture, classification and intellectual disability* (pp. 1-24). Cambridge, UK: Cambridge University Press.

Ji, L.-J., Zhang, Z., & Nisbett, R. E. (2004). Is it culture or is it language? Examinations of language effects in cross-cultural research on categorization. *Journal of Personality and Social Psychology, 87*, 57-65. doi: 10.1037/0022-3514.87.1.57

Johnson, A. (1899). Concerning a form of degeneracy. II. The education and care of the feeble-minded. *American Journal of Sociology, 4*, 463-473. doi: 10.1086/210821

Johnson, H. (2003, Feb. 16). *Unspeakable Conversations*. New York Times. Retrieved from http://www.nytimes.com/

Jones, J. (2007). Persons with intellectual disabilities in the criminal justice system: Review of issues. *International Journal of Offender Therapy and Comparative Criminology, 51*, 723-733. doi: 10.1177/0306624X07299343

Juhásová, A. (2015). Comparison of quality of life of families with children with disability and families with children without disability. *Procedia-Social and Behavioral Sciences, 174*, 3378-3384. doi: 10.1016/j.sbspro.2015.01.1007

Kant, I. (1983). *Grounding for the metaphysics of morals*. In J. W. Ellington (Ed.), *Immanuel Kant: Ethical philosophy*. Indianapolis, IN: Hackett Publishing Company. (Original work pub-lished 1785).

Kath, R. (2016, Nov. 25). Boston woman with Down syndrome starts cookie business, dreams big. Retrieved from: https://boston.cbslocal.com/2016/11/25/boston-womandown-syndrome-cookie-business-dreams-big/

Keith, H. E., & Keith, K. D. (2013). *Intellectual disability: Ethics, dehumanization, and a new moral community*. Chichester, UK: Wiley-Blackwell.

Keith, J., Bennetto, L., & Rogge, R. D. (2015). The relationships between contact and attitudes: Reducing prejudice toward individuals with intellectual and developmental disabilities. *Research in Developmental Disabilities, 47*, 14-26. doi: 10.1016/j.ridd.2015.07.032

Keith, K. D. (1990). Quality of life: Issues in community integration. In R. L. Schalock (Ed.), *Quality of life: Perspectives and issues* (pp. 93-100). Washington, DC: American Association on Mental Retardation.

Keith, K. D. (2012). Culture and teaching: Lessons from psychology. In J. E. Groccia, M. A. T. Alsudairi, & W. Buskist (Eds.), *Handbook of college and university teaching* (pp. 156-170). Los Angeles, CA: Sage.

Keith, K. D., & Bonham, G. S. (2005). The use of quality of life data at the organiza-tion and systems level. Journal of Intellectual Disability Research, 49, 799-805. doi: 10.1352/0047-6765(2004)42%3C338:CQOLA T%3E2.0.CO;2

Keith, K. D., Heal, L. W., & Schalock, R. L. (1996). Cross-cultural measurement of critical quality of life concepts. *Journal of Intellectual and Developmental Disabilities, 21*, 273-293. doi: 10.1080/13668259600033201

Keith, K. D., & Schalock, R. L. (2000). Cross-cultural perspectives on quality of life: Trends and themes. In K. D. Keith & R. L. Schalock (Eds.), *Cross-cultural perspectives on quality of life* (pp. 363-380). Washington, DC: American Association on Mental Retardation.

Keith, K. D., & Schalock, R. L. (2016a). People speaking for themselves. In R. L. Schalock & K. D. Keith (Eds.), *Cross-cultural quality of life: Enhancing the lives of people with intellectual disability* (2nd ed.;pp. 35-47). Washington, DC: American Association on Intellectual and Developmental Disabilities.

Keith, K. D., & Schalock, R. L. (2016b). The global perspective on the concept of quality of life. In R. L. Schalock & K. D. Keith (Eds.), *Cross-cultural quality of life: Enhancing the lives of people with intellectual disability* (2nd ed.; pp. 183-189). Washington, DC: American Association on Intellectual and Developmental Disabilities.

Keith, K. D., Schalock, R. L., & Hoffman, K. (1986). *Quality of life: Measurement and programmatic implications.* Lincoln, NE: Region V Mental Retardation Services.

Keyes, D. W., & Edwards, W. J. (1997). Mental retardation and the death penalty: Current status of exemption legislation. *Mental and Physical Disability Law Reporter, 21*, 687-696.

Kilen, M. (2015, Dec. 25). This Des Moines woman is showing that cooking can change lives. *Des Moines Register.* Retrieved from: https://www.desmoinesregister.com/story/life/2015/12/25/des-moines-woman-showing-cooking-can-change-lives/76804470/

King's Fund Centre. (1980). *An ordinary life: Comprehensive locally based services for mentally handicapped people.* London, UK: King Edward's Hospital Fund for London.

Kirkbride, F. B. (1909). Letchworth Village, New York State's new institution for defectives. In A. Johnson (Ed.), *Proceedings of the 36th National Conference of Charities and Corrections* (pp. 85-91). Fort Wayne, IN: Fort Wayne Printing Co.

Kittay, E. F. (2010). The personal is philosophical is political: A philosopher and mother of a cognitively disabled person sends notes from the battlefield. In E. F. Kittay & L. Carlson (Eds.), *Cognitive disability and its challenge to moral philosophy* (pp. 393-413). Chichester, UK: Wiley-Blackwell.

Kittay, E. F. (2011). Forever small: The strange case of Ashley X. *Hypatia, 26*(3), 610-631.

Kon, A. (2008). We cannot accurately predict the extent of an infant's future suffering: the Groningen Protocol is too dangerous to support. *The American Journal of Bioethics, 8*, 27-35. doi: 10.1080/15265160802513150

Kraft, A. (2016, Nov. 1). Teacher with Down syndrome proves that everything is possible. Parent Herald. Retrieved from: https://www.parentherald.com/articles/79786/20161101/teacher-with-down-syndrome-proves-that-everything-is-possible.htm

Kuhlmann, F. (1940). One hundred years of special care and training. *American Journal of Mental Deficiency, 45*, 8-24.

Kuhse, H., & Singer, P. (1985). *Should the baby live?* Oxford, UK: Oxford University Press.

Kupfer, J. H. (1983). *Experience as art: Aesthetics in everyday life.* Albany, NY: State University of New York Press.

Lachapelle, Y., Wehmeyer, M. L., Haelewyck, M.-C., Courbois, Y., Keith, K. D., Schalock, R. L., Verdugo, M. A., & Walsh, P. N. (2005). The relationship between quality of life and self-determination: An international study. *Journal of Intellectual Disability Research, 49*, 740-744. doi: 10.1111/j.1365-2788.2005.00743.x

Lahey, T. (2018, April 5). A harder death for people with intellectual disabilities. *The New York Times.* Retrieved from: https://www.nytimes.com/2018/04/05/well/live/end-of-life-intellectual-disabilities.html

Lakin, K. C. (1979). *Demographic studies of residential facilities for the mentally retarded: An historical review of methodologies and findings.* Minneapolis, MN: University of Minnesota Dept. of Psychoeducational studies.

Lakin, K. C., Jaskulski, T. M., Hill, B. K., Bruininks, R. H., Nemke, M., White, C. C., & Wright, E, A, (1989). *Medicaid services for persons with mental retardation and related conditions.* Minneapolis, MN: Institute on Community Integration, University of Minnesota.

Lakoff, G., & Johnson, M. (1980). *Metaphors we live by.* Chicago, IL: The University of Chi-cago Press.

Landesman, S. (1986). Quality of life and personal life satisfaction: Definition and measure-ment issues. *Mental Retardation, 24*, 141-143.

Lawlor, D., Spitz, R., York, M., & Harvey, B. (2013). Using goal analysis to drive improve-ments in performance and outcomes. *Journal of Intellectual Disabilities, 17*, 301-313. doi: 10.1177/1744629513503590

Lawson, J. (2001). Disability as a cultural identity. *International Studies in Sociology of Education, 11*, 203-222. doi: 10.1080/09620210100200076

Lea, S. J. (1988). Mental retardation: Social construction or clinical reality? *Disability, Handicap, & Society, 3*, 63-69. doi: 10.1080/02674648866780051

Lee, M., Storey, K., Anderson, J. L., Goetz, L., & Zivolich, S. (1997). The effect of mentoring versus job coach instruction on integration in supported employment set-tings. *Journal of the Association for Persons with Severe Handicaps, 22*, 151-158. doi: 10.1177/154079699702200303

Lekan, T. (2009). Disabilities and educational opportunity: A Deweyan approach. *Transactions of the Charles S. Peirce Society, 45*, 213-230.

Libell, M. (2007). Atkins' wake: How the states have shunned responsibility for the mentally retarded. *Law & Psychology Review, 31*, 155-165.

Lindemann, H. (2010) Holding one another (well, wrongly, clumsily) in a time of dementia. In E. F. Kittay & L. Carlson (Eds.), *Cognitive disability and its challenge to moral philosophy* (pp. 163-169). Chichester, UK: Wiley-Blackwell.

Lobar, S. L., Youngblut, J. M., & Brooten, D. (2006). Cross-cultural beliefs, ceremonies, and rituals surrounding death of a loved one. *Pediatric Nursing, 32*, 44-50.

Lodewyks, M. R. (2015, Mar. 11). Strength in diversity: Positive impacts of children with disabilities. *The Vanier Institute of the Family*. Retrieved from: http://vanierinstitute.ca/children-disability-positive-impacts-children-family/

Lonner, W. J. (2013). Cultural competence. In K. D. Keith (Ed.), *The encyclopedia of cross-cultural psychology* (Vol. I, pp. 301-303). Chichester, UK: Wiley-Blackwell.

Lovern, L. (2008). Native American worldview and the discourse on disability. *Essays in Philosophy, 9*(1), article 14.

Luborsky, M. R. (1994). The cultural adversity of physical disability: Erosion of full adult personhood. *Journal of Aging Studies, 8*, 239-253. doi: 10.1016/0890-4065(94)90002-7

Luckasson, R., Borthwick-Duffy, S., Buntinx, W. H. E., Coulter, D. L., Craig, E. M., Reeve, A., Schalock, R. L., Snell, M. E., Spitalnik, D. M., Spreat, S., & Tassé, M. (2002). *Mental retardation: Definition, classification, and systems of support* (10th ed.). Washington, DC: American Association on Mental Retardation.

Lunacy and Idiocy: The Old Law and Its Incubus (1951). *The University of Chicago Law Review, 18,* 361-368. doi: 10.2307/1597690

Lutfiyya, Z. M., & Schwartz, K. D. (2010). Applying the dignity-conserving model. In S. L. Friedman & D/ T. Helm (Eds.), *End-of-life care for children and adults with intellectual and developmental disabilities* (pp. 201-217). Washington, DC: American Association on Intel-lectual and Developmental Disabilities.

Machell, K. A., Kashdan, T. B., Short, J. L., & Nezlek, J. B. (2014). Relationships between meaning in life, social and achievement events, and positive and negative affect in daily life. *Journal of Personality, 83,* 287-298. doi: 10.1111/jopy.12103

Magee, J. (2012, Oct. 11). Whalley cemetery is a 'national disgrace,' *The Clitheroe Advertiser and Times.* Retrieved from: https://www.clitheroeadvertiser.co.uk/news/whalley-cemetery-is-a-national-disgrace-1-5012993

Manners, P. J., & Carruthers, E. (2006). Living with learning difficulties: Emma's story. *British Journal of Learning Disabilities, 34,* 206-210. doi: 10.1111/j.1468-3156.2006.00392.x

Markus, H. R., & Kitayama, S. (1991). Culture and the self: Implications for cognition, emotion, and motivation. *Psychological Review, 98,* 224-253. doi: 10.1037/0033-295X.98.2.224

Mason, V. A., & Dowling, S. F. (2016). Bereavement in the lives of people with intellectual disabilities. *Intellectual Disability and Health.* Retrieved from: http://www.intellectualdisability.info/life-stages/articles/bereavement-in-the-lives-of-people-with-intellectualdisabilities

Matsumoto, D. (2000). Foreword. In K. D. Keith & R. L. Schalock (Eds.), *Cross-cultural perspectives on quality of life* (pp. xxi-xxiv). Washington, DC: American Association on Mental Retardation.

Matsumoto, D., & Juang, L. (2013). *Culture and psychology* (5th ed.). Belmont, CA: Wadsworth.

McCausland, D., McCallion, P., Cleary, E., & McCarron, M. (2016). Social connections for older people with intellectual disability in Ireland: Results from Wave One of IDS-TILDA. *Journal of Applied Research in Intellectual Disabilities, 29,* 71-82. doi: 10.1111/jar.12159

McConatha, J. T., Schnell, F., Volkwein, K., Riley, L., & Leach, E. (2003). Attitudes toward aging: A comparative analysis of young adults from the United States and Germany. *The International Journal of Aging and Human Development, 57,* 203-215. doi: 10.2190/K8Q8-5549-0Y4K-

UGG0

McConkey, R., & Collins, S. (2010). Using personal goal setting to promote the social inclu-sion of people with intellectual disability living in supported accommodation. *Journal of Intellectual Disability Research*, *54*, 135-143. doi: 10.1111/j.1365-2788.2009.01224.x

McDermott, S., & Edwards, R. (2012). Enabling self-determination for older workers with intellectual disabilities in supported employment in Australia. *Journal of Applied Research in Intellectual Disabilities*, *25*, 423-432. doi: 10.1111/j.1468-3148.2012.00683.x

McDougall, J., Evans, J., & Baldwin, P. (2010). The importance of self-determination to perceived quality of life for youth and young adults with chronic conditions and disabili-ties. *Remedial and Special Education*, *31*, 252-260. doi: 10.1177/0741932509355989

McElvaney, C. (2011). Client evaluations and summaries: How person-centered planning is tainted by a diagnosis. *Intellectual and Developmental Disabilities*, *49*, 203-205. doi: 10.1352/1934-9556-49.3.203

McEvoy, J. (1989). Investigating the concept of death in adults who are mentally handi-capped. *British Journal of Mental Subnormality*, *35*, 115-121. doi: 10.1179/bjms.1989.016

McEvoy, J., MacHale, R., & Tierney, E. (2012). Concept of death and perceptions of bereavement in adults with intellectual disabilities. *Journal of Intellectual Disability Research*, *56*, 191-203. doi: 10.1111/j.1365-2788.2011.01456.x

McEvoy, J., Treacy, B., & Quigley, J. (2017). A matter of life and death: Knowledge about the body and concept of death in adults with intellectual disabilities. *Journal of Intellectual Disability Research*, *61*, 89-98. doi: 10.1111/jir.12347

McFarland, J., Hussar, B., Wang, X., Zhang, J., Wang, K., Rathbun, A., & Bullock Mann, F. (2018). *The Condition of Education 2018* (NCES 2018-144). U.S. Department of Educa-tion. Washington, DC: National Center for Education Statistics. Retrieved from: https://nces.ed.gov/pubsearch/pubsinfo.asp?pubid=2018144

McHugh, M. C., & Howard, D. E. (2017). Friendship at any cost: Parent perspectives on cyberbullying children with intellectual and developmental disabilities. *Journal of Mental Health Research in Intellectual Disabilities*, *10*, 288-308. doi: 10.1080/19315864.2017.1299268

Mead, G. (1934). Mind, self and society: From the standpoint of a social behaviorist. C. Morris (Ed.). Chicago, IL: The University of Chicago Press.

Megret, F. (2008). The disabilities convention: Human rights of persons with disabilities or disability rights? *Human Rights Quarterly, 30*, 494-516. doi: 10.1353/hrq.0.0000

Menolascino, F. J. (1977). *Challenges in mental retardation: Progressive ideology and services.* New York, NY: Human Sciences Press.

Menolascino, F. J., & Egger, M. L. (1978). *Medical dimensions of mental retardation.* Lincoln, NE: University of Nebraska Press.

Miki, K. (2017, May 10). The boy in the moon: Catching up with Ian Brown and Walker seven years later. *Today's Parent.* Retrieved from: https://www.todaysparent.com/family/special-needs/the-boy-in-the-moon-catching-up-with-ian-brown-and-walker-seven-years-later/

Moore, R. M. (2015). Appreciating cultural dimensions and connections in hospice care. *Journal of Social Work in End-of-Life & Palliative Care, 11*, 6-10. doi: 10.1080/15524256.2015.1021069

Morin, D., Rivard, M., Crocker, A. G., Boursier, C. P., & J. Caron (2013). Public attitudes towards intellectual disability: A multidimensional perspective. *Journal of Intellectual Disability Research, 57*, 279-292. doi: 10.1111/jir.12008

Moro, T. T., Savage, T. A., & Gehlert, S. (2017). Agency, social and healthcare supports for adults with intellectual disability at the end of life in out-of-home, non-institutional community residences in Western nations: A literature review. *Journal of Applied Research in Intellectual Disabilities, 30*, 1045-1056. doi: 10.1111/jar.12374

Morisse, E., Vandemaele, E., Claes, C., Claes, L., & Vandevelde, S. (2013). Quality of life in persons with developmental disabilities and mental health problems: An explorative study. *The Scientific World Journal,* Article ID 491918, 8 pages. doi: 10.1155/2013/491918

Mostert, R. (2016). Personal involvement and empowerment. In R. L. Schalock & K. D. Keith (Eds.), *Cross-cultural quality of life: Enhancing the lives of people with intellectual disability* (pp. 9-57). Washington, DC: American Association on Intellectual and Devel-opmental Disabilities.

Mpofu, E. Athanasou, J., Harley, D., Dune, T., Devlieger, P., & Carey, C. D. (2018). Inte-gration of culture in teaching about disability. In K. D. Keith (Ed.), *Culture across the curriculum: A psychology teacher's handbook* (pp. 500-516). Cambridge, UK: Cambridge University Press.

Murdoch, J. M. (1909). Quarantine mental defectives. In A. Johnson (Ed.), *Proceedings of the 36th National Conference of Charities and Corrections* (pp. 64-67). Fort Wayne, IN: Fort Wayne Printing Co.

Murphy, E. M. (2011). Children's burial grounds in Ireland (cillini) and parental emotions toward death. *International Journal of Historical Archaeology, 15*, 409-428. doi: 10.1007/s10761-011-0148-8

Myers, D. G. (1992). *The pursuit of happiness: Who is happy-and why.* New York, NY: William Morrow.

Niemiec, R. M., Shogren, K. A., & Wehmeyer, M. L. (2017). Character strengths and intellectual and developmental disability: A strength-based approach from positive psychology. *Education and Training in Autism and Developmental Disabilities, 51*, 13-25.

Niihori, T., Aoki, Y., Narumi, Y., Neri, G., Cavé, H., Verloes, A., Okamoto, N., Hennekam, R. C., Gillessen-Kaesbach, G., Wieczorek, D., Kavamura, M. I., Kurosawa, K., Ohashi, H., Wilson, L., Heron, D., Bonneau, D., Corona, G., Kaname, T., Naritomi, K., Baumann, C., Matsumoto, N., Kato, K., Kure, S., & Matsubara, Y. (2006). Germline KRAS and BRAF mutations in cardio-facio-cutaneous syndrome. *Nature Genetics, 38*, 294-296. doi: 10.1038/ng1749

Noack, T., & Fangeroa, H. (2007). Eugenics, euthanasia, and aftermath. *International Journal of Mental Health, 36*, 112-124. doi: 10.2753/IMH0020-7411360111 Noddings, N. (1984). Caring: A feminine approach to ethics and moral education. Berkeley, CA: University of California Press.

Nolan, J. (2006). Excavation of a children's burial ground at Torrybaun, Ballina, County Mayo. In J. O'Sullivan & M. Stanley (Eds.), *Settlement, industry and ritual* (pp. 89-101). Dublin, Ireland: National Roads Authority.

Nord, D., Luecking, R., Mank, D., Kiernan, W., & Wray, C. (2013). The state of the science of employment and economic self-sufficiency for people with intellectual and developmental disabilities. *Intellectual and Developmental Disabilities, 51*, 376-384. doi: 10.1352/1934-9556-51.5.376

Norris, R. (2018). Former long-stay residents plead with cemetery developers: 'Let our friends rest in peace.' *Disabled Go News.* Retrieved from: https://www.disabledgo.com/blog/2018/03/former-long-stay-residents-plead-with-cemetery-developers-let-ourfriends-rest-in-peace/#.W6z48BsUnIV

Northern Sydney Local Health District (2015). *Death and dying in aboriginal and Torres Strait islander culture.* St. Leonards, Australia: Author.

Nussbaum, M. C. (2006). *Frontiers of justice: Disability, nationality, species membership.* Cam-bridge, MA: Harvard University Press.

Nussbaum, M. C. (2011). *Creating capabilities: The human development approach.* Cambridge, MA: Harvard University Press.

Nuwer, R. (2014). Mercy for all? *New Scientist, 221*(2958), 28-29. doi: 10.1016/S0262-4079(14)60427-9

O'Brien, C. L., & O'Brien, J. (2002). The origins of person-centered planning. In S. Holburn & P. Vietze (Eds.), *Person-centered planning: Research, practice, and future directions* (pp. 3-27). Baltimore, MD: Brookes.

O'Sullivan, A., & Sheehan, J. (1996). The Iveragh Peninsula: An archaeological survey of South Kerry. Cork, Ireland: Cork University Press.

Office for People with Developmental Disabilities. (2018). *Everyday heroes.* Retrieved from: https://opwdd.ny.gov/opwdd_community_connections/everyday_heroes

Oliver, M. (1996). *Understanding disability: From theory to practice.* Chatham, UK: Mackays.

Page, S. L., & Islam, M. R. (2015). The role of personality variables in predicting attitudes toward people with intellectual disability. *Journal of Intellectual Disability Research, 59,* 741-745. doi: 10.1111/jir.12180

Palmore, E. B. (1982). Attitudes toward the aged: What we know and need to know. *Research on Aging, 4,* 333-348. doi: 10.1177/0164027582004003004

Parent, S., & Shevell, M. (1998). The 'first to perish'. Child euthanasia in the Third Reich. *Archives of Pediatrics and Adolescent Medicine, 152,* 79-86. doi: 10.1001/archpedi.152.1.79

Parkes, C. M., Laungani, P., & Young, B. (1997). Introduction. In C. M. Parkes, P. Laun-gani, & B. Young (Eds.), *Death and bereavement across cultures* (pp. 3-9). London, UK: Routledge.

Patja, K., Iivanainen, M., Vesala, H., Oksanen, H., & Ruoppila, I. (2000). Life expectancy of people with intellectual disability: A 35-year follow-up study. *Journal of Intellectual Disability Research, 44,* 591-599. doi: 10.1046/j.1365-2788.2000.00280.x

Patti, P., Amble, K., & Flory, M. (2010). Placement, relocation and end of life issues in aging adults with and without Down's syndrome: A retrospective study. *Journal of Intellectual Disability Research, 54,* 538-546. doi: 10.1111/j.1365-2788.2010.01279.x

Patton, K. A., Ware, R., McPherson, L., Emerson, E., & Lennox, N. (2016). Parent related stress of male and female carers of adolescents with intellectual disabilities and carers of children within the general population: A cross-sectional comparison. *Journal of Applied Research in Intellectual Disabilities, 31,* 51-61. doi: 10.1111/jar.12292

Pelleboer-Gunnink, H. A., Van Oorsouw, W. M. W. J., Van Weeghel, J., & Embregts, P. J. C. M. (2017). Mainstream health professionals' stigmatizing attitudes towards people with intellectual disabilities: A systematic review. *Journal of Intellectual Disability Research, 61*, 411-434. doi: 10.1111/jir.12353

Pengra, L. M. (2000). Lakota quality of life: Mitakuye Oyasin. In K. D. Keith & R. L. Schalock (Eds.), *Cross-cultural perspectives on quality of life* (pp. 191-204). Washington, DC: American Association on Mental Retardation.

Perry, D. M. (2018, June 29). How hospitals treat disabled patients. *Pacific Standard*. Retrieved from: https://psmag.com/social-justice/how-hospitals-mistreat-disabledpatients

Perry, J., & Felce, D. (2002). Subjective and objective quality of life assessment: Responsive-ness, response bias, and resident: proxy concurrence. *Mental Retardation, 40*, 445-456. doi: 10.1352/0047-6765(2002)040%3C0 445:SAOQOL%3E2.0.CO;2

Perry, J., & Felce, D. (2004). Initial finding on the involvement of people with intellectual disability in interviewing their peers about quality of life. *Journal of Intellectual and Developmental Disabilities, 29*, 164-171. doi: 10.1080/13668250410001709502

Perske, R. (1972). The dignity of risk and the mentally retarded. *Mental Retardation 10*, 24-27.

Perske, R. (1980). *New life in the neighborhood: How persons with retardation or other disabilities can help make a good community better.* Nashville, TN: Abingdon.

Perske, R. (2008). False confessions from 53 persons with intellectual disabilities: The list keeps growing. *Intellectual and Developmental Disabilities, 46*, 468-479. doi: 10.1352/2008.46:468-479

Pierce, M., Kilcullen, S., & Duffy, M. (2018). *The situation of younger people with disabilities living in nursing homes in Ireland-phase 1.* Dublin, Ireland: Disability Federation of Ireland & Dublin City University. Available at https://www.disability-federation.ie/

Plichart, M., Barberger-Gateau, P., Tzourio, C., Amouyel, P., Pérès, K., Ritchie, K., Jouven, X., Ducimetiere, P., & Empana, J. P. (2010). Disability and incident coronary heart disease in older commu-nity-dwelling adults: The three-city study. *Disability and Incident CHD in Older Adults, 58*, 636-642.

Polloway, E. A., Patton, J. R., & Smith, J. D. (2015). The death penalty and intellectual disability: An introduction. In E. A. Polloway (Ed.), *The death penalty and intellectual disability* (pp. 2-9). Washington, DC:

American Association on Intellectual and Develop-mental Disabilities.

Potthoff, H. H. (1972, April). Ministering to the dying patient. *Ministry: International Journal for Pastors*. Retrieved from: https://www. ministrymagazine.org/archive/1972/04/ministering-to-the-dying-patient

Power, M. J., & Green, A. M. (2010). Development of the WHOQOL disabilities module. *Quality of Life Research, 19*, 571-584. doi: 10.1007/s11136-010-9616-6

President's Council on Bioethics (2008). Controversies in the determination of death. Washing-ton, DC: Author.

Prude, A. (2019). Death in Tibetan Buddhism. In T. Knepper, L. Bregman, & M. Gottschalk (Eds.), *Death and dying: Comparative philosophy of religion, vol. 2* (pp. 125-142). New York, NY: Springer.

Putsch, R. W., III, & Joyce, M. (1990). Dealing with patients from other cultures. In H. K. Walker, W. D. Hall, & J. W. Hurst (Eds.), *Clinical methods: The history, physical, and laboratory examinations* (3rd ed.; pp. 1050-1059). Boston, MA: Butterworths.

Race, D. (2002). The historical context. In D. G. Race (Ed.), *Learning disability: A social approach* (pp. 23-52). London, UK: Routledge.

Rapley, M. (2000). The social construction of "quality of life": The interpersonal production of well-being revisited. In K. D. Keith & R. L. Schalock (Eds.), *Cross-cultural perspectives on quality of life* (pp. 155-172). Washington, DC: American Association on Mental Retardation.

Rapley, M. (2003). *Quality of life research: A critical introduction*. London, UK: Sage.

Rapley, M. (2004). *The social construction of intellectual disability*. Cambridge, UK: Cambridge University Press.

Regan, T. (2004). *The case for animal rights. Berkeley*, CA: University of California Press.

Reid, D. H., Rosswurm, M., & Rotholtz, D. A. (2018). No less worthy: Recommendations for behavior analysts treating adults with intellectual and developmental disabilities with dignity. *Behavior Analysis in Practice, 11*. 71-79. doi: 10.1007/s40617-017-0203-y

Reilly, K. O., & Conliffe, C. (2002). Facilitating future planning for ageing adults with intel-lectual disabilities using a planning tool that incorporates quality of life domains. *Journal of Gerontological Social Work, 37*, 105-119. doi: 10.1300/J083v37n03_08

Reinders, H. S. (2000). *The future of the disabled in a liberal society: An ethical analysis*. NotreDame, IN: University of Notre Dame Press.

Reinders, H. S., & Schalock, R. L. (2014). How organizations can enhance the quality of life of their clients and assess their results: The concept of QOL enhancement. *American Journal on Intellectual and Developmental Disabilities, 119*, 291-302. doi:10.1352/1944-7558-119.4.291

Renwick, R., & Brown, I. (1996). The Centre for Health Promotion's conceptual approach to quality of life: Being, belonging, and becoming. In R. Renwick, I. Brown, & M. Nagler (Eds.), *Quality of life in health promotion and rehabilitation: Conceptual approaches, issues, and applications* (pp. 75-86). Thousand Oaks, CA: Sage.

Renwick, R., Brown, I., & Raphael, D. (2000). Person-centered quality of life: Contributions from Canada to an international understanding. In K. D. Keith & R. L. Schalock (Eds.), *Cross-cultural perspectives on quality of life* (pp. 5-21). Washington, DC: American Associa-tion on Mental Retardation.

Reyes, J. M. (2017, Jan. 13). How a loved one was buried in unmarked grave behind a prison, not returned to family. *The News Journal*. Retrieved from: https://www.usatoday.com/story/news/nation-now/2017/01/13/how-loved-one-buried-unmarked-gravebehind-prison-not-returned-family/96552232/

Richards, L. E. (Ed.). (1909). *Letters and journals of Samuel Gridley Howe*. Boston, MA: Dana Estes & Co.

Robertson, J., Emerson, E. Hatton, C., Elliott, J., McIntosh, B., Swift, P., Krinjen-Kemp, E., Towers, C., Romeo, R., Knapp, M., Sanderson, H., Routledge, M., Oakes, P., & Joyce, T. (2006). Longitudinal analysis of the impact and cost of person-centered planning for people with intellectual disabilities in England. *American Journal on Mental Retardation, 111*, 400-416. doi: 10.1352/0895-8017(2006)111[400:LAOTIA]2.0.CO;2

Robertson, J., Emerson, E., Gregory, N., Hatton, C., Kessissoglou, S., Hallam, A., & Linehan, C. (2001). Social networks of people with mental retardation in residential set-tings. *Mental Retardation, 39*, 201-214. doi: 10.1352/0047-6765(2001)039〈0201:SNOPWM〉2,0.CO;2

Rose, D. (2003). Partnership, co-ordination of care and the place of user involvement. *Journal of Mental Health, 12*, 59-70. doi: 10.1080/09638230021000058300

Rushton, P. (1988). Lunatics and idiots: Mental disability, the community, and the poor law in North-East England, 1600-1800. *Medical History, 32*, 34-50. doi: 10.1017/S0025727300047591

Ruth, R. (2015). Consideration of cultural and linguistic factors. In E. A. Polloway (Ed.), *The death penalty and intellectual disability* (pp. 234-

244). Washington, DC: American Associa-tion on Intellectual and Developmental Disabilities.

Ruzgis, P., & Grigorenko, E. L. (1994). Cultural meaning systems, intelligence, and personal-ity. In R. J. Sternberg & P. Ruzgis (Eds.), *Personality and intelligence* (pp. 248-270). New York, NY: Cambridge University Press.

Ryan, T. A., & Scior, K. (2016). Medical students' attitudes towards health care for people with intellectual disabilities: A qualitative study. *Journal of Applied Research in Intellectual Disabilities, 29*, 508-518. doi: 10.1111/jar.12206

Ryan, T. G., & Griffiths, S. (2015). Self-advocacy and its impacts for adults with develop-mental disabilities. *Australian Journal of Adult Learning, 55*, 31-53.

Sack, D. (2015, May 31). The 5 traits of extraordinary ordinary people. Psychology Today. Retrieved from: https://www.psychologytoday.com/us/blog/where-science-meets-thesteps/201503/the-5-traits-extraordinary-ordinary-people

Saha, A., & Ahuja, S. (2017). Critical existential thinking, search for meaning and life satis-faction. *Journal of Psychosocial Research, 12*, 187-195. doi: 10.1037/t01069-000

Salekin, K. L., & Everington, C. (2015). Competence to waive Miranda rights and compe-tence to stand trial. In E. A. Polloway (Ed.), *The death penalty and intellectual disability* (pp. 245-262). Washington, DC: American Association on Intellectual and Developmental Disabilities.

Samuel, P. S., Rillotta, F., & Brown, I. (2012. The development of family quality of life con-cepts and measures. *Journal of Intellectual Disability Research, 56*, 1-16. doi: 10.1111/j.1365-2788.2011.01486.x

Sanderson, H. (2000). *Person-centred planning: Key features and approaches.* York, UK: Joseph Rowntree Foundation.

Schalock, R. L. (1996). Reconsidering the conceptualization and measurement of quality of life. In R. L. Schalock (Ed.), *Quality of life: Vol. I. Conceptualization and measurement* (pp. 123-139). Washington, DC: American Association on Mental Retardation.

Schalock, R. L., Borthwick-Duffy, S., Bradley, V. J., Buntinx, W. H. E., Coulter, D. L., Craig, E. M., Gomez, S. C., Lachapelle, Y., Luckasson, R., Reeve, A., Shogren, K. A., Snell, M. E., Spreat, S., Tassé, M. J., Thompson, J. R., Verdugo-Alonso, M. A., Wehmeyer, M. L., & Yeager, M. H. (2010). *Intellectual disability: Definition, classification, and systems of supports* (11th ed.). Washington, DC: American Association on Intellectual and Devel-opmental Disabilities.

Schalock, R. L., Brown, I., Brown, R., Cummins, R. A., Felce, D., Matikka, L., Keith, K. D., & Parmenter, T. (2002). Conceptualization, measurement, and application of quality of life for persons with intellectual disabilities: Report of an international panel of experts. *Mental Retardation, 40*, 457-470. doi: 10.1352/0047-6765(2002)040%3C0457:CMAAOQ%3E2.0.CO;2

Schalock, R. L., & Keith, K. D. (1993). *Quality of life questionnaire.* Worthington, OH: IDS.

Schalock, R. L., & Keith, K. D. (2016a). The evolution of the quality-of-life concept. In R. L. Schalock & K. D. Keith (Eds.), *Cross-cultural quality of life: Enhancing the lives of people with intellectual disability* (2nd ed., pp. 3-12). Washington, DC: American Association on Intellectual and Developmental Disabilities.

Schalock, R. L., & Keith, K. D. (2016b). The role of a quality-of-life theory in a quality-of-life agenda. In R. L. Schalock & K. D. Keith (Eds.), *Cross-cultural quality of life: Enhancing the lives of people with intellectual disability* (2nd ed., pp. 191-201). Washington, DC: Amer-ican Association on Intellectual and Developmental Disabilities.

Schalock, R. L., & Keith, K. D. (2016c). Setting the cross-cultural quality-of-life agenda to enhance the lives of people with intellectual disability. In R. L. Schalock & K. D. Keith (Eds.), *Cross-cultural quality of life: Enhancing the lives of people with intellectual disability* (2nd ed., pp. 203-217). Washington, DC: American Association on Intellectual and Developmental Disabilities.

Schalock, R. L., Keith, K. D., Verdugo, M. A., & Gomez, L. E. (2010). Quality of life model development and use in the field of intellectual disability. In R. Kober (Ed.), *Quality of life: Theory and implementation* (pp. 17-32). New York, NY: Sage.

Schalock, R. L., Luckasson, R. A., Shogren, K. A., Borthwick-Duffy, S., Bradley, V., Buntinx, W. H. E., Coulter, D. L., Craig, E. M., Gomez, S. C., Lachapelle, Y., Reeve, A., Snell, M. E., Spreat, S., Tassé, M. J., Thompson, J. R., Verdugo, M. A., Wehmeyer, M. L., & Yeager, M. H. (2007). The renaming of mental retardation: Understanding the change to the term intellectual disability. *Intellectual and Developmental Disabilities, 45*, 116-124. doi: 10.1352/1934-9556(2007)45[116:TROMRU]2.0.CO.2

Schalock, R. L., & Verdugo, M. A. (2002). *Handbook of quality of life for human service practitioners.* Washington, DC: American Association on Mental Retardation.

Schertz, M., Kami-Visel, Y., Tamir, A., Genizi, J., & Roth, D. (2016).

Family quality of life among families with a child who has a severe neurodevelopmental disability: Impact of family and child socio-demographic factors. *Research in Developmental Disabilities, 53/54*, 95-106. doi: 10.1037/t57297-000

Schreiber, S. (2016, Oct. 28). This teacher with Down syndrome is the ultimate inspira-tion. *Good Housekeeping*, Retrieved from: https://www.goodhousekeeping.com/life/inspirational-stories/news/a41165/noelia-garella-down-syndrome-teacher/

Scior, K. (2011). Public awareness, attitudes and beliefs regarding intellectual disability: A systematic review. *Research in Developmental Disabilities, 32*, 2164-2182. doi: 10.1016/j.ridd.2011.07.005

Scior, K., Addai-Davis, J., Kenyon, M., & Sheridan, J. C. (2013). Stigma, public awareness about intellectual disability and attitudes to inclusion among different ethnic groups. *Journal of Intellectual Disability Research, 57*, 1014-1026. doi: 10.1111/j.1365-2788.2012.01597.x

Scior, K., Kan, K. Y., McLoughlin, A.,& Sheridan, J. (2010). Public attitudes toward people with intellectual disabilities: A cross-cultural study. *Intellectual and Developmental Disabilities, 48*, 278-289. doi: 10.1352/1934-9556-48.4.278

Scott, H. M., & Havercamp, S. M. (2014). Mental health for people with intellectual disabil-ity: The impact of stress and social support. *American Journal on Intellectual and Developmental Disabilities, 119*, 552-564. doi: 10.1352/1944-7558-119.6.552

Seewooruttun, L., & Scior, K. (2014). Interventions aimed at increasing knowledge and improving attitudes towards people with intellectual disabilities among lay people. *Research in Developmental Disabilities, 35*, 3482-3495. doi: 10.1016/j.ridd.2014.07.028

Séguin, E. (1846). *Traitement moral: Hygiene et éducation des idiots et des autres enfants arriérés*. Paris, France: J. B. Baillière.

Séguin, E. (1907). *Idiocy: And its treatment by the physiological method*. New York, NY: Teachers College, Columbia University (original work 1866).

Sen, A. (1999). *Development as freedom*. New York, NY: Anchor Books.

Seo, H., Shogren, K. A., Wehmeyer, M. L., Little, T. D., & Palmer, S. B. (2017). The impact of medical/behavioral support needs on the supports needed by adolescents with intellec-tual disability to participate in community life. *American Journal on Intellectual and Developmental Disabilities, 122*, 173-191. doi: 10.1352/1944-7558-122.2.173

Serpell, R., Mariga, L., & Harvey, K. (1993). Mental retardation in African countries: Con-ceptualization, services and research. *International*

Review of Research in Mental Retardation, 19, 1-34. doi: 10.1016/S0074-7750(08)60187-1

Sharma, A. (2002). *The Hindu tradition: Religious beliefs and healthcare decisions.* Park Ridge, IL: The Park Ridge Center for the Study of Health, Faith, and Ethics.

Shaw, K., Cartwright, C., & Craig, J. (2011). The housing and support needs of people with an intellectual disability into older age. *Journal of Intellectual Disability Research, 55*, 895-903. doi: 10.1111/j.1365-2788.2011.01449.x

Sheridan, J., & Scior, K. (2013). Attitudes towards people with intellectual disabilities: A comparison of young people from British South Asian and White British backgrounds. *Research in Developmental Disabilities, 34*, 1240-1247. doi: 10.1016/j.ridd.2012.12.017

Shorter Oxford English Dictionary (2002, 5th ed.). Oxford, UK: Oxford University Press.

Shriver, T. P. (2018, Oct. 21). Let students with disabilities compete in sports with their peers. *The Washington Post.* Retrieved from: https://www.washingtonpost.com/opinions/let-students-with-disabilities-compete-in-sports-with-their-peers/2018/10/21/a4527952-c8e9-11e8-9158-09630a6d8725_story.html?utm_term=.bb89, f9243c6c

Sienkiewicz-Mercer, R. & Kaplan, S. B. (1989). *I raise my eyes to say yes.* Boston, MA: Houghton-Mifflin.

Silvers, A., Waserman, D. T., & Mahowald, M. B. (1998). *Disability, difference, discrimination: Perspectives on justice in bioethics and public policy.* New York, NY: Lanham, Rowman & Littlefield.

Singer, P. (1993). *Practical ethics* (2nd ed.). Cambridge, UK: Cambridge University Press.

Singer, P. (2007, Jan. 26). A convenient truth about disability. *New York Times.* Retrieved from: http://www.nytimes.com/2007/01/26/opinion/26singer.html

Singer, P. (2009). *Animal liberation: The definitive classic of the animal movement.* New York, NY: Harper Perennial Modern Classics. (Original work published 1975).

Singer, P. (2010). Speciesism and moral status. In E. F. Kittay & L. Carlson (Eds.), *Cognitive disability and its challenge to moral philosophy* (pp. 331-344). Chichester, UK: Wiley-Blackwell.

Smith, J. D. (1995). *Pieces of purgatory: Mental retardation in and out of institutions.* Pacific Grove, CA: Brooks/Cole.

Smoker, B. (2003). On advocating infant euthanasia. *Free Inquiry, 24*(1), 17-

18.

Soy, A. (2018, Sept. 27). Infanticide in Kenya: "I was told to kill my disabled baby." BBC News. Retrieved from: https://www.bbc.com/news/world-africa-45670750

Spiro, J. P. (2009). *Defending the master race*. Lebanon, NH: University Press of New England.

Stancliffe, R. J. (1995). Assessing opportunities for choice-making: A comparison of self- and staff reports. *American Journal on Mental Retardation, 99*, 418-429.

Stancliffe, R. J., Arnold, S. R. C., & Riches, V. C. (2016). The supports paradigm. In R. L. Schalock & K. D. Keith (Eds.), *Cross-cultural quality of life: Enhancing the lives of people with intellectual disability* (pp. 133-142). Washington, DC: American Association on Intellec-tual and Developmental Disabilities.

Stancliffe, R. J., & Lakin, K. C. (2007). Independent living. In S. L. Odom, R. H. Horner, M. Snell, & J. Blacher (Eds.), *Handbook on developmental disabilities* (pp. 429-448). New York, NY: Guilford Publications, Inc.

Stancliffe, R. J., Lakin, K. C., Larson, S. A., Engler, J., Taub, S., Fortune, J., & Bershadsky, J. (2012). Demographic characteristics, health conditions, and residential service use in adults with Down syndrome in 25 U.S. states. *Intellectual and Developmental Disabilities, 50*, 92-108. doi: 10.1352/1934-9556-50.2.92.

Stangl, R. (2010). Selective Terminations and Respect for the Disabled. *Journal of Medicine & Philosophy, 35*, 32-45. doi: 10.1093/jmp/jhp058

Stein, G. L., & Kerwin, J. (2010). Disability perspectives on health care planning and deci-sion-making. *Journal of Palliative Medicine, 13*, 1059-1064. doi: 10.1089/jpm.2010.0159

Stern, A. M. (2005). Sterilized in the name of public health. *American Journal of Public Health, 95*, 1128-1138. doi: 10.2105/AJPH.2004.041608

Stineman, R., Morningstar, M., Bishop, B., & Turnbull, H. R. (1993). Role of families in transition planning for young adults with disabilities: Toward a method of person-centered planning. *Journal of Vocational Rehabilitation, 3*, 52-61.

Strasser, S. M., Smith, M. O., & O'Quin, K. (2016). Victimization risk of older adults with IDD manifesting later in life: A review of response systems. In J. R. Lutzker, K. Guasta-ferro, & M. L. Benka-Coker (Eds.), *Maltreatment of people with intellectual and developmental disabilities* (pp. 207-229). Washington, DC: American Association on Intellectual and Developmental Disabilities.

Sullivan, M. (2015, May 11). Westboro hospital ceremony honors those buried with no name. *Worcester Telegram & Gazette*. Retrieved from: http://www.telegram.com/article/20150510/NEWS/150519950

Summers, J. A., Poston, D. J., Turnbull, A. P., Marquis, J., Hoffman, L., Mannan, H., & Wang, M. (2005). Conceptualizing and measuring family quality of life. *Journal of Intellectual Disability Research, 49*, 777-783. doi: 10.1111/j.1365-2788.2005.00751.x

Sundby, S. E. (2014, Dec. 1). The true legacy of Atkins and Roper: The unreliability principle, mentally ill defendants, and the death penalty's unraveling. University of Miami Legal Studies Research Paper No. 15-5. Retrieved from http://papers.ssrn.com/sol3/ papers.cfm?abstract_id=2532510

Super, C. M., & Harkness, S. (1982). The infants' niche in rural Kenya and metropolitan America. In L. L. Adler (Ed.), *Cross-cultural research at issue* (pp. 47-55). New York, NY: Academic Press.

Surrey and Borders Partnership. (2012). *A good death 1*. Hove, UK: Pavilion Publishing & Media, Ltd.

Taylor, S. J., & Bogdan, R. (1996). Quality of life and the individual's perspective. In R. L. Schalock (Ed.), *Quality of life: Vol. I. Conceptualization and measurement* (pp. 11-22). Wash-ington, DC: American Association on Mental Retardation.

Terman, L. M. (1916). *The measurement of intelligence: An explanation of and a complete guide for the use of the Stanford revision and extension of The Binet Simon Intelligence Scale*. Boston, MA: Houghton Mifflin.

The Logical Indian (2016, Oct. 27). Shattering stereotypes, Argentine woman becomes first nursery teacher with Down's syndrome. Retrieved from: https://thelogicalindian.com/ story-feed/get-inspired/argentine-downs-syndrome-woman/

Thomas, D. H. H. (1957). Cultural attitudes to mental subnormality. *American Journal of Mental Deficiency, 61*, 467-473.

Thompson, D. J., Ryrie, I., & Wright, S. (2004). People with intellectual disabilities living in generic residential services for older people in the U.K. *Journal of Applied Research in Intellectual Disabilities, 17*, 101-108. doi: 10.1111/j.1360-2322.2004.00187.x

Thorndike, E. L. (1939). *Your city*. New York, NY: Harcourt, Brace & Co.

Throne, J. M. (1972). The assessment of intelligence: Towards what end? *Mental Retardation, 10*(5), 9-11.

Tichá, R., Qian, X., Stancliffe, R. J., Larson, S. A., & Bonardi, A. (2018). Alignment between the Convention on the Rights of Persons with

Disabilities and the National Core Indi-cators Adult Consumer Survey. *Journal of Policy and Practice in Intellectual Disabilities, 15*, 247-255. doi: 10.1111/jppi.12260

Todd, S. (2013). 'Being there': The experiences of staff in dealing with matters of dying and death in services for people with intellectual disabilities. *Journal of Applied Research in Intellectual Disabilities, 26*, 215-230. doi: 10.1111/jar.12024

Todd, S., & Read, S. (2009, Sept.). *Death, dying and the intellectual disabilities: Researching the difficult, understanding the painful and sharing the rewards.* Paper presented at the Aging Roundtable, Edinburgh, UK.

Todd, S., Bernal, J., & Forrester-Jones, R. (2013). Death, dying and intellectual disability research. *Journal of Applied Research in Intellectual Disabilities, 26*, 183-185. doi: 10.1111/jar.12027

Toner, K. (2017, Dec. 17). How a cup of coffee becomes a 'human rights movement.' *CNN Heroes.* Retrieved from: https://www.cnn.com/2017/06/22/health/cnnheroes-amy-wright-bitty-and-beaus-coffee/index.html

Totsika, V., Toogood. S., Hastings, R. P., & McCarthy, J. (2010). The effect of active support interactive training on the daily lives of adults with an intellectual disability. *Journal of Applied Research in Intellectual Disabilities, 23*, 112-121. doi: 10.1111/j.1468-3148.2009.00510.x

Trent, J. W., Jr. (1994). *Inventing the feeble mind: A history of mental retardation in the United States.* Berkeley, CA: University of California Press.

Tuffrey-Wijne, I. (2013). *How to break bad news to people with intellectual disabilities: A guide for carers and professionals.* London, UK: Jessica Kingsley Publishers.

Tuffrey-Wijne, I., Hogg, J., & Curfs, L. (2007). End-of-life and palliative care for people with intellectual disabilities who have cancer or other life-limiting illnesses: A review of the literature and available resources. *Journal of Applied Research in Intellectual Disabilities, 20*, 331-344. doi: 10.1111/j.1468-3148.2006.00350.x

Tuffrey-Wijne, I., Giatras, N., Butler, G., Cresswell, A., Manners, P., & Bernal, J. (2013). Developing guidelines for disclosure or non-disclosure of bad news around life-limiting illness and death to people with intellectual disabilities. *Journal of Applied Research in Intellectual Disabilities, 26*, 231-242. doi: 10.1111/jar.12026

Turnbull, A. P., Poston, D. J., Minnes, P., & Summers, A. J. (2007). Providing supports and services that enhance a family's quality of life. In I.

Brown & M. Percy (Eds.), *A comprehensive guide to intellectual and developmental disabilities* (pp. 559-569). Baltimore, MD: Paul H. Brookes.

U. S. Department of Justice (2009). *A guide to disability rights laws.* Retrieved from: https://www.ada.gov/cguide.htm

U. S. Equal Employment Opportunity Commission. (2011). *Questions & answers about persons with intellectual disabilities in the workplace and the Americans with Disabilities Act.* Washington, DC: Author. Retrieved from: https://www.eeoc.gov/laws/types/ intellectual_disabilities.cfm

United Nations (1948, Dec. 10). *A Universal Declaration of Human Rights.* New York, NY: Author. Available at: http://undocs.org/A/RES/217(III)

United Nations (1971, Dec. 20). *Declaration on the Rights of Mentally Retarded Persons.* New York, NY: Author. Available at: https://www.ohchr.org/ Documents/ProfessionalInterest/ res2856.pdf

United Nations (1975, Dec. 9). *Declaration on the Rights of Disabled Persons.* New York, NY: Author. Available at: https://www.ohchr.org/ Documents/ProfessionalInterest/res3447.pdf

United Nations (1989, Nov. 20). *Convention on the Rights of the Child.* New York, NY: Author. Available at: https://www.ohchr.org/en/ professionalinterest/pages/crc.aspx

United Nations (2006, Dec. 13). *Convention on the Rights of Persons with Disabilities.* New York, NY: Author. Available at: https://treaties.un.org/ doc/source/docs/A_RES_61_106-E.pdf

van der Kloot Meijburg, H. H. (2005). The significance of dying well. *Illness, Crisis and Loss, 13,* 49-62. doi: 10.1177/105413730501300105

Van Hove, G., & Schelfhout, P. (2000). The quality-of-life paradigm in the Flemish-speaking part of Belgium: People with mental retardation finally stand up for themselves. In K. D. Keith & R. L. Schalock (Eds.), *Cross-cultural perspectives on quality of life* (pp. 37-43). Washington, DC: American Association on Mental Retardation.

Van Wagenen, B. (1914). Surgical sterilization as a eugenic measure. *Journal of Psycho-Asthenics, 18,* 185-196.

Vargas, T. (2014, Feb. 11). Ethan Saylor's legacy: Frederick County deputies learn how to interact with disabled. *The Washington Post.* Retrieved from: https://www.washingtonpost.com/local/ethan-saylors-legacy-frederick-co-sheriffs-deputies-learn-how-to-interactwith-disabled/2014/02/11/b0f48eca-92b1-11e3-b46a-5a3d0d2130da_story.html

Vedie, C., & Breathnach, C. S. (2005). The cemetery associated with

Leyme Mental Hospi-tal. *History of Psychiatry, 16*, 111-115. doi: 10.1177/0957154X05045256

Verdugo, M. A., Navas, P., Gómez, L. E., & Schalock, R. L. (2012). The concept of quality of life and its role in enhancing human rights in the field of intellectual disability. *Journal of Intellectual Disability Research, 56*, 1036-1045. doi: 10.1111/j.1365-2788.2012.01585.x

Verhagen, E., & Sauer, P. J. J. (2005). The Groningen Project: Euthanasia in severely ill new-born. *The New England Journal of Medicine, 352*, 959-962.

Vorhaus, J. (2017). Sharing in a common life: People with profound and multiple learn-ing difficulties. *Res Publica: A Journal of Legal and Social Philosophy, 23*, 61-79. doi: 10.1080/09687599.2013.831749

Voultsos, P., & Chatzinikolaou, F. (2014). Involuntary euthanasia of severely ill newborns: is the Groningen Protocol really dangerous? *Hippokratia, 18*, 196-203.

Wallace, R. (1958, March 24). Mental homes wrongly hold thousands like Mayo Buckner. *Life, 44*(12), 120-136.

Walsh, P. N. (2000). Quality of life and social inclusion. In K. D. Keith & R. L. Schalock (Eds.), *Cross-cultural perspectives on quality of life* (pp. 315-326). Washington, DC: Ameri-can Association on Mental Retardation.

Walsh, P. N., Heller, T., Schupf, N., & van Schrojenstein Lantman-de Valk (2001). Healthy ageing-Adults with intellectual disabilities: Women's health and related issues. *Journal of Applied Research in Intellectual Disabilities, 14*, 195-217. doi: 10.1046/j.1468-3148.2001.00070.x

Wang, M., & Brown, R. (2009). Family quality of life: A framework for policy and social service provisions to support families of children with disabilities. *Journal of Family Social Work, 12*, 144-167. doi: 10.1080/10522150902874842

Wang, M., & Kober, R. (2011). Embracing an era of rising family quality of life research. *Journal of Intellectual Disability Research, 55*, 1093-1097. doi: 10.1111/j.1365-2788.2011.01509.x

Ward, N. (2000). The universal power of speaking for oneself. In K. D. Keith & R. L. Schalock (Eds.), *Cross-cultural perspectives on quality of life* (pp. 33-36). Washington, DC: American Association on Mental Retardation.

Wark, S., Hussain, R., & Edwards, H. (2014). The training needs of staff supporting individ-uals ageing with intellectual disability. *Journal of Applied Research in Intellectual Disabilities, 27*, 273-288. doi: 10.1111/jar.12087

Warren, J. M. (1851, April). An account of two remarkable Indian dwarfs exhibited in Bos-ton under the name of Aztec children. *American Journal of the Medical Sciences*, No. 42, 285-293. doi: 10.1097/00000441-185104000-00001

Watson, S. M. R., & Keith, K. D. (2002). Comparing the quality of life of school-age children with and without disabilities. *Mental Retardation, 40*, 304-312. doi: 10.1352/0047-6765(2002)040%3C0304:CTQOLO%3E2.0.CO;2

Watson, S. M. R., Barreira, A. M., & Watson, T. C. (2000). Perspectives on quality of life: The Brazilian experience. In K. D. Keith & R. L. Schalock (Eds.), *Cross-cultural perspectives on quality of life* (pp. 59-71). Washington, DC: American Association on Mental Retardation.

Webb, O. M. (2002). Call me by my name. In R. L. Schalock (Ed.), *Out of the darkness and into the light* (pp. 55-61). Washington, DC: American Association on Mental Retardation.

Webber, R., Bowers, B., & Bigby, C. (2014). Residential aged care for people with intellec-tual disability: A matter of perspective. *Australasian Journal on Ageing, 33*, E36-E40. doi: 10.1111/ajag.12086

Wehmeyer, M. L. (2003). Eugenics and sterilization in the heartland. *Mental Retardation, 41*, 57-60. doi: 10.1352/0047-6765(2003)041%3C0057:EASITH%3E2.0.CO;2

Wehmeyer, M. L., & Bolding, N. (2001). Enhanced self-determination of adults with mental retardation as an outcome of moving to community-based work or living environments. *Journal of Intellectual Disability Research, 45*, 1-13. doi: 10.1046/j.1365-2788.2001.00342.x

Wehmeyer, M. L., Buntinx, H. E., Lachapelle, Y., Luckasson, R. A., Schalock, R. L., Verdugo, M. A., Borthwick-Duffy, S., Bradley, V., Craig, E. M., Coulter, D. L., Gomez, S. C., Reeve, A., Shogren, K. A., Snell, M. E., Spreat, S., Tassé, M. J., Thompson, J. R., & Yeager, M. H. (2008). The intellectual disability construct and its relation to human functioning. *Intellectual and Developmental Disabilities, 46*, 311-318. doi: 10.1352/1934-9556(2008)46[311:TIDCAI]2.0.CO.2

Wehmeyer, M., & Schwartz, M. (1998). The relationship between self-determination and quality of life for adults with mental retardation. *Education and Training in Mental Retardation and Developmental Disabilities, 33*, 3-12.

Wehmeyer, M. L., Tassé, M. J., Davies, D. K., & Stock, S. (2012). Support needs of adults with intellectual disability across domains: The role of technology. *Journal of Special Education Technology, 27*(2), 11-22. doi: 10.1177/016264341202700203

Werner, S., & Grayzman, A. (2011). Factors influencing the intention of students to work with individuals with intellectual disabilities. *Research in Developmental Disabilities, 32*, 2502-2510. doi: 10.1016/ j.ridd.2011.07.010

Whittaker, J., & Kenworthy, J. (2002). Education services: Why segregated special schools must close. In D. G. Rice (Ed.), *Learning disability-A social approach* (pp. 68-84). Lon-don, UK: Routledge.

Widroff, J., & Watson, C. (2008). Mental retardation and the death penalty: Addressing var-ious questions regarding an Atkins claim. *Journal of the American Academy of Psychiatry and the Law, 36*, 413-415.

Wiese, M., Dew, A., Stancliffe, R. J., Howarth, G., & Balandin, S. (2013). 'If and when?': The beliefs and experiences of community living staff in supporting older people with intellectual disability to know about dying. *Journal of Intellectual Disability Research, 57*, 980-992. doi: 10.1111/ j.1365-2788.2012.01593.x

Wiese, M., Stancliffe, R. J., Balandin, S., Howarth, G., & Dew, A. (2012). End-of-life care and dying: Issues raised by staff supporting older people with intellectual disability in community living services. *Journal of Applied Research in Intellectual Disabilities, 25*, 571-583. doi: 10.1111/ jar.12000

Wiese, M., Stancliffe, R. J., Dew, A., Balandin, S., & Howarth, G. (2014). What is talked about? Community living staff experiences of talking with older people with intellectual disability about dying and death. *Journal of Intellectual Disability Research, 58*, 679-690. doi: 10.1111/jir.120665

Wiesel, I., Bigby, C., & Carling-Jenkins, R. (2013). 'Do you think I'm stupid?': Urban encounters between people with and without intellectual disability. *Urban Studies, 50*, 2391-2406. doi: 10.1177/ 0042098012474521

Wigham, S., Robertson, J., Emerson, E., Hatton, C., Elliott, J., McIntosh, B., Swift, P., Krinjen-Kemp, E., Towers, C., Romeo, R., Knapp, M., Sanderson, H., Routledge, M., Oakes, P., & Joyce, T. (2008). Reported goal setting and benefits of person centred planning for peo-ple with intellectual disabilities. *Journal of Intellectual Disabilities, 12*, 143-152. doi: 10.1177/1744629508090994

Wilfond, B., Miller, P., Korfiatis, C., Diekema, D. Dudzinski, D., Goreing, S., and the Seattle Growth Attenuation and Ethics Working Group (2010, Nov.-Dec.). Navigating growth attenuation in children with profound disabilities: Children's interests, family decision-making, and community concerns. *The Hastings Center Report.* Retrieved from https://www.

thehastingscenter.org

Will, G. F. (2012, May 2). Jon Will, 40 years and going with Down syndrome. Washington Post, Retrieved from: https://www.washingtonpost.com/opinions/jonwill-40-years-and-going-with-down-syndrome/2012/05/02/gIQAdGiNxT_story.html?noredirect=on&utm_term=.5f54a2051ca7

Williams, P., & Shoultz, B. (1982). *We can speak for ourselves: Self-advocacy by mentally handicapped people.* London, UK: Souvenir Press.

Wilson, N. J., Stancliffe, R. J., Bigby, C., Balandin, S., & Craig, D. (2010). The potential for active mentoring to support the transition into retirement for older adults with a lifelong disability. *Journal of Intellectual and Developmental Disability, 35,* 211-214. doi: 10.3109/13668250.2010.481784

Wober, M. (1974). Toward an understanding of Kiganda concept of intelligence. In J. W. Berry & P. R. Dasen (Eds.), *Culture and cognition* (pp. 261-280). London, UK: Methuen.

Wolfensberger, W. (1969). The origin and nature of our institutional models. In R. B. Kugel & W. Wolfensberger (Eds.), *Changing patterns in residential services for the mentally retarded* (pp. 59-171b). Washington, DC: President's Committee on Mental Retardation.

Wolfensberger, W. (1975). *The origin and nature of our institutional models.* Syracuse, NY: Human Policy Press.

Wolfensberger, W. (1983). Social role valorization: A proposed new term for the principle of normalization. *Mental Retardation, 21,* 234-239.

Wolfensberger, W. (1988). Common assets of mentally retarded people that are commonly not acknowledged. *Mental Retardation, 26,* 63-70.

Wolfensberger, W. (2000). A brief overview of social role valorization. *Mental Retardation, 38,* 105-123. doi: 10.1352/0047-6765(2000)038〈0105:ABOOSR〉2.0.CO;2

Wolfensberger, W. (2002a). Needed or at least wanted: Sanity in the language wars. *Mental Retardation, 40,* 75-80. doi: 10.1352/0047-6765(2002)040%3C0075:NOALWS%3E2.0.CO;2

Wolfensberger, W. (2002b). Why Nebraska? In R. L. Schalock (Ed.), *Out of the darkness and into the light* (pp. 23-52). Washington, DC: American Association on Mental Retardation.

Wolfensberger, W. (2011). Social role valorization and, or versus, "empowerment." *Intellectual and Developmental Disabilities, 49,* 469-476. doi: 10.1352/1934-9556-49.6.435

Wolfensberger, W. (2011). Social role valorization: A proposed new term for the prin-ciple of normalization. *Intellectual and Developmental Disabilities, 49*, 435-440. doi: 10.1352/1934-9556-49.6.435

Wong, S. (2002). At home with Down syndrome and gender. *Hypatia, 17*, 89-117. doi: 10.1111/j.1527-2001.2002.tb00943.x

World Health Organization (2001). *International classification of functioning, disability, and health* (ICF). Geneva, Switzerland: Author.

World Health Organization (2011). *World report on disability*. Geneva, Switzerland: Author. https://www.theguardian.com/world/2018/mar/12/dutch-prosecutors-investigate-euthanasia-cases-sharp-rise-docter-assisted-deaths-netherlands

Zhang, H., Sang, Z., Chan, D. K. S., Teng, F., Liu, M., Yu, S., & Tian, Y. (2016). Sources of meaning in life among Chinese university students. *Journal of Happiness Studies, 17*, 1473-1492. doi: 10.1007/s10902-015-9653-5

Zoech, I. (2003, October 12). Named: The baby boy who was Nazis' first euthanasia victim. *The Telegraph* (London, UK). Retrieved from: https://www.telegraph.co.uk/education/3319981/Named-the-baby-boy-who-was-Nazis-first-euthanasia-victim.html

Zuckerman, M. (1990). Some dubious premises in research and theory on racial differences. *American Psychologist, 45*, 1297-1303. doi: 10.1037/0003-066X.45.12.1297

찾아보기

저자 소개

Kenneth D. Keith 박사(Ph.D)는 샌디에이고(San Diego) 대학교 심리학과 명예교수이다. 그는 많은 전문적 및 과학 출판물의 저자 혹은 편집자이다: 비교문화심리학 백과사전(*The Encyclopedia of Cross-Cultural Psychology*); 삶의 질에 대한 비교문화적 관점(*Cross-Cultural Perspectives on Quality of Life*)(Robert L. Schalock과 공저); 비교문화심리학: 현대 주제와 관점(*Cross-Cultural Psychology: Contemporary Themes and Perspectives*); 지적장애: 윤리, 비인간화 및 새로운 도덕적 공동체(*Intellectual Disability: Ethics, Dehumanization, and a New Moral Community*)(Heather E. Keith와 공저); 심리학 학생 핸드북: 역사, 관점 및 적용(*Student Handbook to Psychology: History, Perspectives, and Application*); 비교문화적 삶의 질: 지적장애인 삶의 향상(*Cross-Cultural Quality of Life: Enhancing the Lives of People with Intellectual Disability*)(Robert L. Schalock과 공저) 및 과학적 문해력을 위한 가치 있는 전문가 가이드: 심리과학자처럼 생각하기(*The Worth Expert Guide to Scientific Literacy: Thinking Like a Psychological Scientist*)(Bernard C. Beins와 공저). Keith는 지적장애인을 가르치고 봉사한 공로로 많은 상을 받았다. 그는 미국심리학회, 서양심리학회, 심리과학회의 이사이며, 국제비교문화심리학회와 미국 지적장애 및 발달장애학회(AAIDD)의 회원이다.

Heather E. Keith 박사(Ph.D)는 래드포드(Radford) 대학교의 철학과 교수이며 교원개발처의 처장이다. 그녀는 지적장애: 윤리, 비인간화 및 새로운 도덕적 공동체(*Intellectual Disability: Ethics, Dehumanization, and a New Moral Community*) (Kenneth E. Keith와 공저)의 공동저자이며, 회복탄력성에 대한 실용주의적 및 미국 철학적 관점(*Pragmatist and American Philosophical Perspectives on Resilience* (Kelly A. Parker와 함께)의 공동편집자이다. 미국 철학, 윤리학, 환경 철학, 페미니스트 이론, 아시아 및 비교철학, 스포츠 철학 및 효과적인 교수학습 실제에 대한 많은 논문들, 책의 챕터들, 백과사전의 표제항들 및 발표물들의 저자이다.

역자 소개

　박승희는 이화여자대학교 특수교육과에서 1992-2024년까지 32년간 교수로 재직하고 정년퇴임한 명예교수이다. 이화여자대학교에서 학사와 미국 시라큐스(Syracuse) 대학교에서 지적장애, 특수교육, 장애학을 공부하며 석사와 박사를 받았다. 한국연구재단 지원으로 영국 케임브리지 대학교에 방문학자와 일본 동경학예대학교에 객원교수로 통합교육을 연구하였다. 국내 통합교육의 시작과 발전에 선구자 역할을 수행했으며, 한국특수교육학회 회장으로 봉사하였다. 대표 저서로 한국 장애학생 통합교육: 특수교육과 일반교육의 관계 재정립(2003); 통합교육, 나는 무엇을 해야 합니까: 초등 통합교육 실행 매뉴얼(2016, 공저); 대표 역서로 마서즈 비니어드 섬사람들은 수화로 말한다: 장애수용의 사회학(2003); 장애란 무엇인가?: 장애학 입문(2016, 공역); 지적장애인 교육: 학교급별 교수전략(2021, 공역), 비장애중심주의를 넘어: 장애학 기반 장애이해교육(2023, 공역) 등이 있다. 특수교육 분야에 최다 인용 논문들을 다수 출판하여 이론과 교육 실제 향상에 기여해 왔다. 2013년엔 '대학 교양과목'으로 장애학 입문 과목을 국내 최초로 이화여대에서 개설해 비장애중심주의(ableism)를 해체하는 대안 제시와 장애인의 지역사회통합을 위해 노력하고 있다. 2001년엔 발달장애성인을 위한 대학기반 중등이후교육(E-ACOLA)을 이화여대 평생교육원에서, 2009년엔 대학에 '발달장애인 지원고용'을 이화여대에서 국내 최초로 시작하여 현재까지 장기간 헌신을 지속하고 있다. 2022년엔 미국 지적장애 및 발달장애학회(AAIDD)의 146번째 연차학술대회에서 International Award를 받았다.

　김유진은 이화여자대학교 대학원 특수교육학과에서 지적장애 전공으로 2023년 박사를 받은 이화여대 특수교육연구소 연구원이다. 고려대학교 법학과에서 학사와 이화여대 대학원 언어병리학과에서 석사를 받고 언어치료사로 발달장애 아동들을 만나 왔다. 이화여대 평생교육원에서 발달장애성인을 위한 대학기반 중등이후교육 프로그램(E-ACOLA)의 강사로 발달장애성인들을 교육해 왔다. 경인교육대학교, 이화여자대학교, 한국교원대학교, 국민대학교의 학부와 대학원에서 특수교육학개론, 특수교육학연구, 행동 수정 및 지원, 장애인권과 복지, 실험설계 및 통계 분석, 기초 통계 등의 특수교육학, 장애학 및 통계학 관련 과목들을 강의해 오고 있다. 한국보건사회연구원에서 과제연구원으로 발달장애 관련 연구들에 참여하여 왔다. 현재 이화여대 산학협력단에서 발달장애인 고용 업무를 장애인고용 전문위원으로 담당하고 있다. 2024년부터는 박승희 교수의 뒤를 이어 이화여대에서 장애학 입문 과목인 '장애와 사회' 강의를 맡고 있다.

Translators

Seung Hee(Seunghee) Park, Ph.D is a Professor Emerita of Special Education at Ewha Womans University. She served as a professor for 32 years from 1992-2024. She earned bachelor's degree from Ewha Womans Univ. and both master's and doctoral degrees from Syracuse Univ. With Korea Research Foundation's support, she conducted research on inclusive education at Univ. of Cambridge, UK and Tokyo Gakugei Univ., Japan. She has played a leading role in the development of inclusive education in S. Korea and served the president of Korean Society of Special Education(KSSE). Park authored books including *Korean inclusive education: Toward better alignment of special and general education*; *Quality-indicator based inclusive education: An implementation guide*. She translated books including the 9th, 10th, 11th, & 12th, editions the *AAIDD Manuals*; *Everyone here spoke sign language: Hereditary deafness on Martha's Vineyard* (by Groce, 1985); *Introducing disability studies* (by Berger, 2013); *Instructional strategies for students with mild, moderate, and severe intellectual disability* (by Gargiulo & Bouck, 2018), and *Undoing ableism: Teaching about disability in K-12 classrooms* (by Baglieri & Lalvani, 2019). She has published numerous highly cited articles related to special education. Park has developed the "Disability & Society" course in 2013 as the first college liberal arts class in Korea under the banner of Disability Studies. She has operated the nation's first college-based postsecondary education program for adults with IDD(E-ACOLA) since 2001 and initiated the supported employment of individuals with IDD at Ewha Womans Univ. in 2009 and has continued her commitment to this day. She received the '2022 AAIDD International Award' at the AAIDD 146th Annual Conference.

Yoojin Kim, Ph.D. is a researcher at Ewha Womans Univ., Special Education Research Institute, who received doctoral degree in Intellectual Disability, Special Education in 2023 at Ewha Womans Univ. She received bachelor's degree from the Dept. of Law at Korea Univ. and master's degree from the Dept. of Communication Disorders at Ewha Womans Univ. She has met children with IDD as a speech language pathologist, and has taught adults with IDD at Ewha Womans Univ.'s Global School of Continuing Education as a lecturer of the college-based postsecondary education program, E-ACOLA. She has been a lecturer of both undergraduate and graduate schools at Gyeongin National Univ. of Education, Ewha Womans Univ., Korea National Univ. of Teachers, and Kookmin Univ. She has lectured on special education, behavior modification and support, disability rights and welfare, experimental design and statistical analysis, and basic statistics. Kim has participated in research on disability as a researcher at the Korea Institute for Health and Social Affairs. She is an advisor in employment of individuals with IDD at Ewha University-Industry Collaboration Foundation. She has succeeded Professor Park since 2024 as a lecturer of "Disability & Society", an introductory course of Disability Studies at Ewha Womans Univ.

지적장애인의 삶과 유산
Lives and Legacies of People with Intellectual Disability

2025년 3월 5일 1판 1쇄 인쇄
2025년 3월 10일 1판 1쇄 발행

지은이 • Kenneth D. Keith, Heather E. Keith.
옮긴이 • 박승희 · 김유진
펴낸이 • 김진환
펴낸곳 • ㈜ **학지사**

04031 서울특별시 마포구 양화로 15길 20 마인드월드빌딩
대표전화 • 02-330-5114 팩스 • 02-324-2345
등록번호 • 제313-2006-000265호

홈페이지 • http://www.hakjisa.co.kr
인스타그램 • https://www.instagram.com/hakjisabook

ISBN 978-89-997-3376-5 03370

정가 16,000원

출판미디어기업 **학지사**
간호보건의학출판 **학지사메디컬** www.hakjisamd.co.kr
심리검사연구소 **인싸이트** www.inpsyt.co.kr
학술논문서비스 **뉴논문** www.newnonmun.com
교육연수원 **카운피아** www.counpia.com
대학교재전자책플랫폼 **캠퍼스북** www.campusbook.co.kr